# 藏在百科里的漫画三十六计

迟红叶◎编著

U0952960

中国宇航出版社
·北京·

图书在版编目（CIP）数据

藏在百科里的漫画三十六计 / 迟红叶编著. -- 北京：
中国宇航出版社，2025.5
ISBN 978-7-5159-2341-3

Ⅰ. ①藏… Ⅱ. ①迟… Ⅲ. ①《三十六计》－少儿读
物 Ⅳ. ①E892.2-49

中国国家版本馆CIP数据核字(2024)第010863号

策划编辑　谭　颖　　封面设计　王晓武
责任编辑　谭　颖　　责任校对　吴媛媛

出版发行　中国宇航出版社
社　址　北京市阜成路8号　　邮　编　100830
（010）68768548
网　址　www.caphbook.com
经　销　新华书店
发行部　（010）68767386　　（010）68371900
（010）68767382　　（010）88100613（传真）
零售店　读者服务部
（010）68371105
承　印　北京中科印刷有限公司
版　次　2025年5月第1版　　2025年5月第1次印刷
规　格　880×1230　　开　本　1/32
印　张　4.75　　字　数　87千字
书　号　ISBN 978-7-5159-2341-3
定　价　49.80元

本书如有印装质量问题，可与发行部联系调换

# 前言

《三十六计》是我国古代的三十六个兵法策略，是根据古代军事思想和战争经验总结而成的兵书。流传至今，这些计谋大多已经成为人们耳熟能详的成语，有关“三十六计”的故事也为人们津津乐道。

然而我们这本书并不是传统意义上的“三十六计”，而是讲述来自动物王国的有趣故事。要知道，我们的地球之所以呈现出勃勃生机的状态，就是因为有无数生物组成了一个绚丽多彩的生命世界。而动物，无疑是这生命世界中充满活力和灵性的一大类。这些或可爱、或神秘、或奇特的动物，和人类一起守候着我们的地球家园。它们不仅是大自然重要的组成部分，也是我们最亲密的伙伴。要是没有了动物，我们的生活将变得无法想象。

长久以来，人们一直对动物世界充满了好奇。无论是山间草原的猛兽、田边池塘的昆虫，还是在天上自由翱翔的鸟类、水中自在畅游的鱼儿，都一直吸引着人们的目光。动物的习性多种多样，但归根结底离不开两个字：生存。为了生存，动物世界每天上演着精彩的捕猎与反捕猎的大戏，而在这个过程中，许多动物展现出的生存绝技，竟和人们在战场上总结的理论不谋而合。它们似乎深谙“三十六计”的智谋，在每一次行动中展现出超绝的智慧，让我们刮目相看。

当然，动物的“谋略”和人类是不同的，它们的行为没有那么复杂的动机，很多时候是出于生存的本能，但在本能中体现出的是大自然的精妙和生命的神奇。让我们翻开这本书，进入生机盎然的动物世界，去欣赏不同动物的生存“妙计”，感受它们蓬勃的生命力吧！

# 目录

第一计

# 瞒天过海

**计谋原文：**

备周则意怠，常见则不疑。阴在阳之内，不在阳之对。太阳，太阴。

**译文：**

防备十分周到，就容易斗志松懈，麻痹轻敌；平时常见的，就不容易产生怀疑。机密往往包含在公开的事物中，而不是和公开的事物对立。极其公开的事物里往往蕴藏着极大的秘密。

**代表动物：**

## 拟态章鱼

拟态章鱼是自然界的顶级伪装高手。它的身体非常软，能随意改变形状，还能在1秒内迅速变换身体的颜色，将自己巧妙融入周围环境中。如果遇到凶猛的鲨鱼，拟态章鱼会将自己模拟成一条有毒的海蛇，以此来逃避追捕。一招“瞒天过海”，拟态章鱼就能将猎物和天敌都骗过。

自由自在多快乐~
抓到你了吧~
啊,是鲨鱼!
!!
海蛇这种有毒的家伙,
还是算了吧!
海蛇?
?!...
我变...

## • 动物小档案

名称：拟态章鱼

家族：软体动物门—头足纲—八腕目—章鱼科

生活环境：浅海砂砾或岩礁

食物：贝壳、虾蟹等

天敌：鲨鱼、海鳗等

## • 深入了解

### 软体动物

拟态章鱼是一种软体动物，最典型的特征是身体柔软，不分节，左右对称。软体动物的代表是贝类，但拟态章鱼所属的头足纲贝壳已经退化。它的全身有头、腕足和躯干三部分，没有骨头，可以将自己随意拉长压扁。

### 八条腕足

在不变形时，拟态章鱼有着章鱼的典型外表。它长着大大的眼睛，头和躯干分界不明显。最鲜明的是八条可以收缩的腕足，上面长满了吸盘，可以用来爬行。腕间的伸缩膜则可以帮助拟态章鱼游泳。

## 色素细胞

平时，拟态章鱼看起来全身布满了黑白相间的条纹。不过，只要它愿意，就能随时改变皮肤颜色。拟态章鱼的皮肤由充满色素的弹性细胞组成，称为“色包”。通过放松或收缩色包，拟态章鱼就可以在不到 1 秒的时间里迅速变色。

## 变形绝招

拟态章鱼的变身能力令人惊奇。它能同时变换身体的形状和颜色，进行伪装。当它把腕足集体向后紧贴在躯干旁边游动时，像极了海底的比目鱼；而当它将腕足全部展开，并摆出张牙舞爪的动作时，那柔软的腕足便成了蓑鲉有毒的脊骨。

第二计

# 围魏救赵

**计谋原文：**

共敌不如分敌，敌阳不如敌阴。

**译文：**

攻打兵力集中的敌人，不如设法分散对方的兵力后再打；攻打气势旺盛的敌人，不如打击气势衰弱的敌人。

---

**代表动物：**

## 狮子

狮子是一种大型的猫科动物，喜欢成群生活在一起。它们生活在大草原上，是草原的统治者，被称为“兽中之王”。狮子以捕食草原上的食草动物为生。雌狮通常会合作捕猎，它们深谙“围魏救赵”的战术，在遇到较大的猎物时，总是从四周悄悄分散猎物，并逐步缩小包围圈，寻找时机猛扑过去，一口咬住猎物的脖子。

野水牛可不好对付啊！
我来想办法。
啊，狮子！
野水牛上当了，缩小包围圈！
这下你跑不了了！

- **动物小档案**

名称：狮子

家族：脊索动物门—哺乳纲—食肉目—猫科

生活环境：树林稀少的沙地平原

食物：各种草原食草动物

天敌：无

- **深入了解**

**狮群生活**

狮子是群居动物，一个狮群一般有十几头狮子，但大部分都是雌狮和幼狮。雌狮是一个狮群的核心，它们互相之间都是亲戚，可能是姐妹关系，也可能是母女关系。而雄狮虽然是“一家之主”，但其实并不常与狮群待在一起。

**雌雄有别**

在狮群中，你能一眼就区分出雄狮和雌狮。雄狮体格健壮，脖子那里长着长长的鬃毛，看上去威风凛凛；而雌狮的体型要比雄狮小得多，脖子那儿也没有鬃毛披覆。狮群中负责猎食的是雌狮，雄狮因为动作比较缓慢，所以主要任务是保护领地安全，抵御外敌入侵。

**照顾小狮子**

雌狮还肩负着照顾小狮子的责任。小狮子刚出生时吃妈妈的奶，断奶后就开始吃雌狮捕捉回的猎物——食草动物的内脏，它们含有丰富的养料，一些没有消化的草也会含有维生素等，对小狮子的健康起很重要的作用。

**雄狮的命运**

狮群中的雌狮基本是稳定的，它们一般一辈子都生活在一个狮群里。但雄狮就不一样了，它们在一个狮群待一段时间，就可能会被新来的年轻力壮的雄狮赶走。另外，一个狮群中的雄性幼狮长大了，也有可能会被强制赶走。

第三计

# 借刀杀人

**计谋原文：**

敌已明，友未定，引友杀敌，不自出力，以《损》推演。

**译文：**

敌方的情况已经明确，而盟友的态度尚未确定，要诱导盟友去消灭敌人，自己不用出实力，这是根据《易经·损》卦“损下益上”的道理推演出来的谋略。

**代表动物：**

## 角蝉

角蝉又称“刺虫”，是一类头上长“角”的昆虫。它们的角不是用来打斗的，而是能帮助角蝉伪装，融入周围的环境中去。不过，对待敌人，角蝉还有“借刀杀人”的绝招。它们的战斗力不强，无法亲自出手对抗敌人，因此会排出甜甜的蜜露，吸引黄猄蚁前来。这时如果遇到敌人，角蝉就能借黄猄蚁来赶走它们。

好危险的样子！
香香甜甜的蜜露……
啊，美味的角蝉！
我的黄猄蚁卫士
可不是好惹的！
打倒猎蝽!!

## • 动物小档案

名称：角蝉

家族：节肢动物门—昆虫纲—半翅目—角蝉科

生活环境：高大的树冠

食物：树木的汁液

天敌：鸟类、蛙类、壁虎等

## • 深入了解

### 吸食树汁

角蝉的嘴就像一个空心针头一样。吃饭时，它直接把“针头”插进树干中，就能吸食树木的汁液。这种嘴叫作“刺吸式口器”。它分泌的蜜露就是由树汁转化而成的，口味甘甜，富含营养，因此深受黄猄蚁的喜爱。不过，有时候这种刺吸方式也会对树木造成伤害。

### 伪装和模仿

角蝉虽然叫“蝉”，但体形比蝉小得多，也没有什么攻击力。但它十分擅长自保，深谙伪装和模仿之道。角蝉头上的“角”是它们用来伪装和模仿的最佳道具，它们有些可以伪装成枯叶和树枝，让自己完美隐藏；有些可以模仿成蚂蚁或黄蜂的样子来欺骗敌人。

**信号交流**

角蝉是一种社会性的昆虫，会利用翅膀振动发出声音，来和同伴交流。这种声音主要是通过树木来传播的，人类很难听到。角蝉却可以利用不同的振动来传递信息，表达警告、有发现或求偶等不同的意思。

**照顾幼虫**

昆虫大多是不会照顾幼虫的，有些种类的角蝉却是例外。角蝉妈妈十分负责任，会耐心地照顾下一代，从卵孵化成幼虫，直到慢慢蜕化长大。在这个过程中，一旦有危险，角蝉妈妈就会勇敢地冲出去，用自己的力量来对抗敌人，保护孩子。

第四计

# 以逸待劳

**计谋原文：**

困敌之势，不以战；损刚益柔。

**译文：**

迫使敌人处于困难的局面，不一定要采取直接进攻的方式；可以采用“损刚益柔”相互转化的原理来使敌人由强转弱。

---

**代表动物：**

## 圆网蛛

圆网蛛是我们最常见的会织网的蜘蛛。它们看起来不那么起眼，却是天生的猎手。捕猎时，圆网蛛不喜欢主动出击，而是选择提前部署好一切，傍晚时分在角落里织起细细密密的网，然后静待猎物自己送上门来。这招“以逸待劳”的战术，让圆网蛛免去了四处寻找猎物的辛苦。

网织好了,接下来就等着吧!
这下你跑不了了!
进入我的蛛网,就休想逃脱了!
我的蛛网有用吧?

## 动物小档案

名称：圆网蛛

家族：节肢动物门—蛛形纲—蜘蛛目—园蛛科

生活环境：田间、草地、森林、水边等各种自然环境

食物：各种昆虫

天敌：鸟类、蛙类、壁虎等

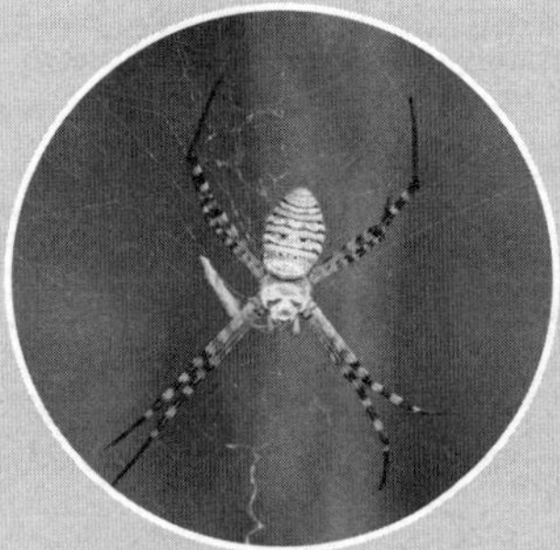

## 深入了解

### 横丝和纵丝

圆网蛛吐出的丝分为横丝、纵丝两种，纵丝主要是支撑蛛网结构的，没有黏性；横丝上有像水珠一般的“黏珠”，能让误闯入网的昆虫难以脱身。圆网蛛会选择在没有黏性的纵丝上活动，避免被粘住。另外，圆网蛛还能分泌出一种油性物质，使它不会被横丝粘住。

### 进食方式

圆网蛛是出色的猎手，食物大多是昆虫或其他节肢动物，但它们并不能直接吃固体的食物。在猎物被网住后，圆网蛛会继续吐出蛛丝来缠住猎物，然后用螯肢将毒液刺

入猎物身体，使猎物无法动弹，并且溶化它们的身体组织，最终吸干猎物。

**性情孤僻**

圆网蛛喜欢独自生活，它们互相之间会保持一定的距离，互不侵犯。它们大多不耐酷热，总喜欢躲藏在阳光照不到的阴凉处，比如潮湿的墙角、砖缝或者树叶底下，有的是穴居生活，而且大多在夜间出来活动。

**编织卵袋**

圆网蛛会用丝编织厚实的卵袋，并将卵产在里面。这个卵袋不仅能经受住各种恶劣天气的考验，还有着防止雨水和露水渗入的防水设计。产卵之后，圆网蛛的生命很快就要到达尽头，无法等待宝宝孵化出来。或许正因为这样，圆网蛛妈妈才用尽最后的蛛丝，为自己的孩子编织了这样温暖舒适的卵袋。

第五计

# 趁火打劫

**计谋原文：**

敌之害大，就势取利，刚决柔也。

**译文：**

在敌方处于大的困难、危机时，就乘机出兵夺取胜利。这就是“以刚克柔”的方法。

---

**代表动物：**

## 军舰鸟

军舰鸟是一种海鸟，主要食物是鱼类和水母。它的飞行技巧十分高超，却不能像一些海鸟那样潜入水下捕鱼。不过没关系，军舰鸟会在海面飞翔，寻找机会。有时候，海洋中的飞鱼被剑鱼追捕，走投无路，便会利用发达的胸鳍跃出水面。军舰鸟便会“趁火打劫”，一举捕获飞鱼。

让我找找有危险的鱼。
你们能游得比我快?
竟然让你跑了!
机会来了!

## 动物小档案

名称：军舰鸟

家族：脊索动物门—鸟纲—鹈形目—军舰鸟科

生活环境：热带或亚热带的海岸、岛屿

食物：鱼类、水母、软体动物

天敌：无

## 深入了解

### 飞行高手

军舰鸟是一类大型海鸟，它们的体长可达1米，翼展可达2米。流线型的身材和又长又窄的翅膀使得军舰鸟可以毫不费力地长时间在海面翱翔，成为鸟类中的飞行高手。军舰鸟不仅飞行速度快，飞得高、飞得远，而且能在空中灵活翻转，即使是在狂风中也能安全飞行。

### 鸟中海盗

军舰鸟身体较小，腿脚细短，虽然擅长飞行，可一旦在水面停留后就很难直接起飞；而且它的羽毛没有防水功能，落水后就会全身湿透。这导致军舰鸟大多数时候都无法自己捕食，于是它们就化身“鸟中海盗”，拦路抢劫其他海鸟捕到的食物来吃。

**膨胀的喉囊**

军舰鸟一生大部分时间都在海上飞行，只有在繁殖的时候才会在附近的岛屿或海岸停歇。这时候，雄性军舰鸟的喉囊会变成鲜红色，并膨胀起来。它们就是靠这个来吸引雌性的。而在平时，军舰鸟会用这个喉囊来暂时贮存捕捉到的鱼儿。

**群居生活**

军舰鸟喜欢集群生活，常常在海面成群低空飞行，伺机捕捉跃出海面的飞鱼或其他海洋动物。即使是在繁殖的时候，它们也喜欢成群栖息在灌木丛中，一起筑巢。不过，有时候筑巢的树枝不够，邻近的军舰鸟就会大打出手，恢复它们那“海盗”的本性。

第六计

# 声东击西

**计谋原文：**

敌志乱萃，不虞，坤下兑上之象，利其不自主而取之。

**译文：**

敌人的意志已经混乱，又不能判明和应付突然事变的发生。这时就要利用敌人失去控制力的时机，机动灵活地运用时东时西、似打似离的战术，将其消灭。

---

**代表动物：**

## 斑鬣狗

斑鬣狗的名字里虽然有一个“狗”字，长得也有些像狗，但其实和猫科的血缘关系更近。它们和狮子一起生活在非洲稀树草原上，体形却要小得多，捕猎一只大型食草动物要付出的精力和风险都很大。斑鬣狗经常跟在狮子身后，吃它们剩下的食物。不过，在斑鬣狗数量较多时，它们也会采取“声东击西”的战术，从狮子嘴里夺食。

我来想办法
吸引狮子的注意力。
来抓我啊！
得手了！
快走
快走
吃肉去！

- **动物小档案**

名称：斑鬣狗

家族：脊索动物门—哺乳纲—食肉目—鬣狗科

生活环境：稀树草原、森林边缘、低海拔地区的山地

食物：斑马、角羚等草原食草动物

天敌：狮子

- **深入了解**

**顶级猎手**

斑鬣狗虽然体形不大，却是强悍的捕食者。它们善于使用战术，可以单独、成队捕猎，但更喜欢成群围猎。它们能杀死比自己大很多的斑马、瞪羚、角马等食草动物，甚至能杀死半吨重的非洲野水牛。除了自己捕猎，斑鬣狗还经常抢夺花豹甚至狮子的猎物。

**与狮子为敌**

斑鬣狗和狮子生活在同一地区，吃的食物也很相似，因此成为世世代代的天敌。狮子在体形上对斑鬣狗有着压倒性的优势，斑鬣狗抢夺狮子的食物时需要万般小心，不

过，在面对幼狮时，斑鬣狗就占了上风。

**族群生活**

斑鬣狗是群居动物，它们的族群由一只雌性斑鬣狗带领，成员可能只有几只，也可能有几十只。斑鬣狗的族群有着严密的等级，它们习惯在夜间捕猎，能发出十几种叫声来相互联系。有些叫声听起来像是狂笑，往往能让人毛骨悚然。

**母系“社会”**

斑鬣狗的族群是一个复杂的小型“社会”，其中居于主导地位的是雌性，然后是它们的幼崽，雄性斑鬣狗的地位最低，它们往往是从别的族群被驱逐而来的。等雄性幼崽长到2岁后，它们也会被驱逐出去，只留下雌性。

第七计

# 无中生有

**计谋原文：**

诳也，非诳也，实其所诳也。少阴、太阴、太阳。

**译文：**

运用假象欺骗对方，但并非全部都是假的，而是让对方把假象当成真相。这就是要巧妙地运用阴阳转化之理，用大大小小的假象去掩盖真相。

---

**代表动物：**

## 蜂蝇

蜂蝇，看名字就知道，是一种蝇类，和苍蝇是亲戚。在昆虫家族中，蜂类比蝇类要强大一些。所以弱小的蜂蝇就伪装成蜜蜂的样子来吓退天敌。蜂蝇并没有蜇针，但它能模仿蜂类的蜇刺动作，还能发出蜜蜂一样的“嗡嗡”声。这一招“无中生有”，往往能以假乱真，骗过对方，从而让自己全身而退。

让我来看看
附近有什么好吃的。
今天天气好晴朗……
是猎物上门了吗？
嘿嘿！
嗡嗡
嗡嗡
嗡嗡
是蜂！算了算了，
惹不起，换个地方吧。

## 动物小档案

名称：蜂蝇
家族：节肢动物门—昆虫纲—双翅目—食蚜蝇科
生活环境：花间草丛或芳香植物上
食物：花粉、花蜜
天敌：螳螂、花蛛等

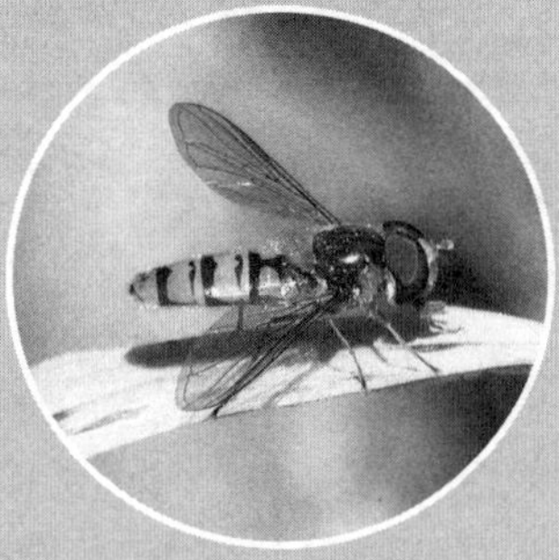

## 深入了解

### 小小飞行家

蜂蝇的身体分为头、胸、腹三部分，头上长着一对大眼睛。它的触角比较短，身体是黑褐色的，上面有金黄色的绒毛，腹部有一些橙黄色的横纹。蜂蝇只有一对前翅，后翅已经退化了。但它们是不折不扣的飞行高手，不仅能悬停在空中，还能突然加速或向后盘旋。

### 花间伪装者

蜂蝇喜欢阳光，春天总是在花间草丛里飞舞，取食花粉和花蜜。它最擅长的就是在花间伪装自己。当蜂蝇停在花朵上时，它会静静地等待着，一旦有天敌靠近，就会迅速飞起，用灵活的飞行技巧躲避追捕。这种伪装不仅保护了自己，还让它们有机会“蹭饭”——蜂蝇会假装成蜜蜂，混入蜂群中偷取花蜜。

**舐吸式口器**

同样是吸食花蜜，蜂蝇的口器和蜜蜂的口器却并不一样。蜂蝇有着蝇类特有的舐吸式口器，它的外形像个蘑菇头，构造却像吸尘器一样，不管是固体的花粉，还是液体的花蜜，都可以直接吸入食物道里。不同于蜜蜂的嚼吸式口器，这种口器并没有咀嚼的功能。

**奇特的幼虫**

蜂蝇成虫像蜜蜂一样吸食花蜜，幼虫却和蜜蜂完全不同。苍蝇的幼虫是蛆，蜂蝇作为蝇类，幼虫也是一种蛆类。它们的身体后面拖着一根长长的“尾巴”，这是它们的呼吸管。蜂蝇幼虫生活在污水、粪坑中，因此需要用呼吸管伸出水面来呼吸。这根“尾巴”比它们的身体还长，看起来像老鼠的尾巴，因此蜂蝇幼虫也被称为“鼠尾蛆”。

第八计

# 暗度陈仓

**计谋原文：**

示之以动，利其静而有主，“益动而巽”。

**译文：**

故意暴露行动迷惑敌人，利用敌方平静时做出作战的主张，暗中迂回到敌人的后边偷袭，这就是《易经·益卦》所说的乘虚而入，出奇制胜。

---

**代表动物：**

## 雕鸮

雕鸮是世界上最大的猫头鹰，也是当之无愧的“暗夜之王”。在雕鸮生活的地方，所有食草或食肉的动物都有可能成为它的猎物。这凶猛的猎手深谙“暗度陈仓”的捕猎技巧，它们在白天看起来很安详，总是躲在树洞或岩石缝隙间休息，一副人畜无害的样子；可一到黑夜，雕鸮就进入了捕猎模式，这时，整个领地中的小动物都会瑟瑟发抖。

哼，小兔子，
这会儿先放你一马。
...ZZZ...
...ZZZ...
进入捕猎模式！
你跑不了了！
!!
!
省点力气吧，
小兔子。

- **动物小档案**

名称：雕鸮

家族：脊索动物门—鸟纲—鸮形目—鸱鸮科

生活环境：山地森林、林边灌木丛、高山峭壁

食物：鼠、兔、狐狸等各种小型哺乳动物和蛙类、鸟类

天敌：无

- **深入了解**

**威武霸气**

雕鸮的形象十分霸气，体长可达 70 厘米，翅膀展开时就像一架即将起飞的小型飞机，带着一种不可侵犯的威严。它拥有着一双锐利如刀的眼睛，仿佛能洞察一切。在漆黑的夜晚，这双眼睛就像两盏明灯，能锁定每一个细微的动静，让雕鸮成为无人能敌的猎手。

**无声飞行**

雕鸮的羽毛柔软而密集，这不仅为它提供了良好的保暖效果，还使得它在飞行时几乎不发出任何声音。它就像一位训练有素的刺客，悄无声息地接近猎物，然后以迅雷

不及掩耳之势发起攻击。这种独特的飞行和捕猎方式，让雕鸮在夜晚的森林中如鱼得水，成为真正的夜空猎手。

## 吐出食团

雕鸮是捕猎高手，它的菜单上包括了老鼠、兔子、小鸟等各种小型动物。在捕猎时，雕鸮会利用锐利的爪子和强壮的喙，迅速抓住猎物并带到安全的地方享用。它们进食时不太讲究，会囫囵将猎物吞下去，等到第二天，那些不能消化的动物皮毛和骨头会被雕鸮吐出来，丢弃在栖息地附近，称为“食团”。

## 哺育幼鸟

雕鸮父母会共同哺育幼鸟。它们不是很会筑巢的鸟儿，往往会选择隐蔽的树洞作为巢穴。雌性雕鸮负责孵蛋，雄性雕鸮则外出捕食。幼鸟孵出来后，雌性雕鸮还会在巢中守护它们两到三个月。等幼鸟长到足够大，雌性雕鸮才会和雄性雕鸮共同出去捕猎，以满足幼鸟日渐增长的胃口。

第九计

# 隔岸观火

**计谋原文：**

阳乖序乱，阴以待逆。暴戾恣睢，其势自毙。顺以动《豫》，《豫》顺以动。

**译文：**

敌方内部公开地表现出多方面混乱时，我方应暗中观察和等待其内部发生叛逆。待其残暴凶狠、任意胡为时，敌方就会自取灭亡。这就是《豫卦》所讲的顺着自然而动的道理。

---

**代表动物：**

## 藏狐

藏狐是一种生活在高原地区的狐狸，主要栖息在我国的青藏高原上，因而得名。藏狐最主要的猎物是高原上的鼠兔，但鼠兔天性机警，行动灵活，且善于打洞，不是那么好捕捉。不过这难不倒藏狐，它会使出“隔岸观火”的绝招，跟在鼠兔的另一个天敌——棕熊身后，等鼠兔被棕熊逼得惊慌失措时再出手，轻松制敌。

啊,那是鼠兔!
!
可恶!
竟然跑了!
……
就是现在!
!
呼~
成功得手!

## 动物小档案

名称：藏狐

家族：脊索动物门—哺乳纲—食肉目—犬科

生活环境：海拔 3000 米以上的高山草原和荒漠草原

食物：高原鼠兔和小型啮齿类动物

天敌：猞猁

## 深入了解

### 高原精灵

藏狐生活在青藏高原上，拥有适应高寒环境的独特本领。与常见的狐狸不同，藏狐体形更为小巧，耳朵短小而圆润，减少了在寒冷环境中的热量散失。它们的毛发浓密且长，在寒冷的冬季尤其厚实，能帮助它们在严寒的高原上保持体温。

### 抢来的“家”

藏狐生活在高原的洞穴里，但它并不喜欢自己挖洞，而是会去抢别的动物挖好的洞。旱獭的体形和藏狐类似，又特别善于挖洞，它们挖出的巢穴就成了藏狐最爱抢占的繁殖场所。藏狐会使用“调虎离山”计，和旱獭斗智斗勇，想办法抢占它们的洞穴。抢来的洞穴往往也很容易被抛弃，所以藏狐的住所并不固定。

### 警惕性高

我们总说“狡猾的狐狸”，意思是狐狸总是聪明机警的，藏狐也不例外。藏狐喜欢在开阔的地方活动和觅食，它们的行动非常迅速，警惕性很高。一旦感觉受到威胁，藏狐就会迅速逃跑。在逃跑过程中，藏狐还会不时回头张望，以观察追击者的动向。藏狐的听觉和嗅觉都十分发达，能帮助它们迅速识别潜在的危险。

### 家庭生活

狐狸大多独自行动，藏狐也是如此，它总是独自在高原上捕食。只有到了繁殖期，藏狐才会选定配偶，哺育后代，组成一个小家庭共同生活。藏狐父母会一起抚育小藏狐长大，为它们提供食物和保护，并教它们捕猎技巧。

## 第十计

# 笑里藏刀

**计谋原文：**

信而安之，阴以图之，备而后动，勿使有变。刚中柔外也。

**译文：**

表面上要做到使敌方信任我方而丧失警惕，暗地里我方则秘密策划消灭敌方的办法。做好充分准备以后才能行动，不要使敌人发生意外的变化。这就是表面上柔和而内中却刚毅的道理。

---

**代表动物：**

## 小丑鱼

小丑鱼是一类小型的海洋鱼类，它们体色艳丽，身形娇小，看起来十分可爱。在浅海的珊瑚礁里，小丑鱼穿梭在美丽的海葵中间，这画面实在是很美好。但是，可别以为小丑鱼真的那么无害，它们善用“笑里藏刀”的绝招，在海葵中游动是为了引诱其他小鱼上钩，成为海葵的猎物。而海葵的毒液则可以保护小丑鱼，让那些大型鱼类不敢靠近。

啦啦啦，
游来游去真快乐！
啊，那里好漂亮！
我也去游一游！
我来啦！
你上当啦！

## 动物小档案

名称：小丑鱼

家族：脊索动物门—硬骨鱼纲—鲈形目—雀鲷科

生活环境：热带海洋浅海的珊瑚礁与岩礁

食物：浮游生物、小型甲壳类、藻类

天敌：自然捕食者（如石斑鱼、鳗鱼等）以及蝶鱼的间接威胁

## 深入了解

### 种类繁多

小丑鱼是一个大类，有很多种。它们身上的白色条纹数量不同，有的只有一条，有的有两条或三条；它们身体的颜色也不一样，以橙色居多，但也有红色、黑色和咖啡色的。它们常与海葵生活在一起，因此也被称为“海葵鱼”。不过，小丑鱼只能在特定的海葵中生活，而且，就算没有海葵，小丑鱼也可以自己生活。

### 忍受痛苦

小丑鱼并不是天生不怕海葵的毒刺，而是要经过一个痛苦的适应过程。当小丑鱼选定一只海葵作为自己的家时，它先用胸腹部试探性摩擦海葵的触手。虽然小丑鱼必须忍受毒刺的痛苦，但是，过不了多久，小丑鱼的身上就能分泌出抵抗海葵刺细胞的黏液，这种黏液可以使海葵的触手认为小丑鱼是自己的另外一条触手。从此，小丑鱼就能够和海葵和谐共处了。

**群体生活**

小丑鱼喜欢过群体生活，但也很有领地观念。它们总是以家庭为单位占据一个海葵，阻止其他同类进入。这个大家庭由一对小丑鱼夫妇和它们的上百个孩子组成。小丑鱼一次能产 150 ～ 300 颗卵，由于海葵提供的庇护和小丑鱼夫妇的保护，这些卵绝大多数都能孵化出来。

**性别转换**

有意思的是，小丑鱼的大家庭中通常只有一条雌鱼，而那些刚孵化出来的小丑鱼都是没有性别的。在它们的成长过程中，如果遇到合适的环境，小丑鱼会变成雄性。只有在家庭里没有雌鱼时，地位较高的雄鱼才有可能变成雌性。而一旦小丑鱼的性别发生转换，就不可能再变回去了。

第十一计

# 李代桃僵

**计谋原文：**

势必有损，损阴以益阳。

**译文：**

如果形势必然有所损失，那就应该放弃局部的利益去换取整体的利益。

**代表动物：**

## 壁虎

壁虎是蜥蜴的一类，因为能在光滑的墙壁上爬行而得名。壁虎全身光滑，看起来没有多少防御能力。但它有一个“李代桃僵”的绝技，那就是断尾逃生。一旦遇到危险，壁虎会自行断尾。刚刚离开身体的尾巴，神经还没有完全失去作用，所以还会摆动。趁着敌人把注意力转移到扭动的尾巴上时，壁虎就溜之大吉了。

这是什么?
捉来玩玩吧!
挣扎也没用。
哎?我没抓住它吗?
奇怪,这又是什么东西?

## 动物小档案

名称：壁虎

家族：脊索动物门—爬行纲—蜥蜴目—壁虎科

生活环境：山岩间、树洞内或墙壁上

食物：昆虫、小鸟、蛇类及其他壁虎

天敌：蛇、蝎子

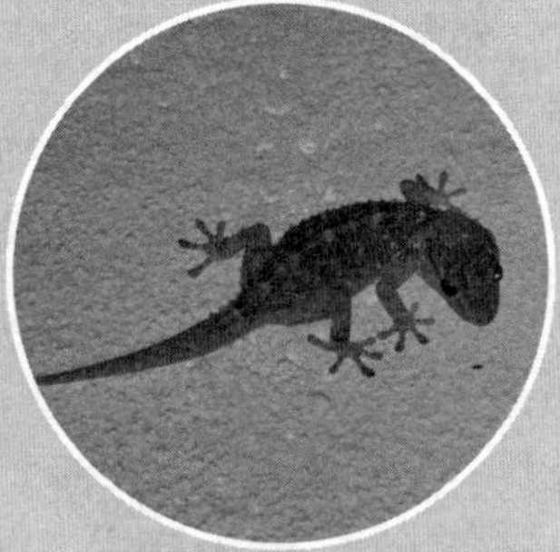

## 深入了解

### 飞檐走壁

壁虎凭借着“飞檐走壁”的绝技，在墙壁上、屋檐下行动自如，捕捉害虫。它们的脚掌上生长着数以百万计的细小绒毛——刚毛，每根刚毛的顶端又有上千个更细小的分叉。当壁虎的脚掌与光滑的天花板接触时，会产生一股巨大的吸力，使它们牢牢地固定在墙壁上不掉下来。

### 再生能力

断掉尾巴后，壁虎的身体内会分泌出一种激素，这种激素具有再生能力，能让断尾很快长出来。尾巴长出来后，激素的分泌也会随之停止。这种抛掉身体的一部分逃生的现象，在生物学上被称为“自切”。

**隐身能力**

壁虎的皮肤下藏着无数细小的鳞片，这些鳞片不仅能让它们的身体更加灵活，还赋予了它们神奇的隐身能力。壁虎的体色和它周围的环境比较相似，当它趴在墙上时，身体颜色会与墙面融为一体，让人难以察觉。这种隐身术不仅帮助壁虎躲避天敌，还能让它们更轻松地接近猎物。

**夜间行动**

壁虎是典型的夜行动物，总在夏天的夜晚出来活动，白天就会找个隐蔽的地方躲藏起来。它们有着敏锐的视力，眼睛特别适应夜间环境，能准确捕捉到微弱的光线，帮助它们在黑暗中清晰地看到猎物。

第十二计

# 顺手牵羊

**计谋原文：**

微隙在所必乘，微利在所必得。少阴，少阳。

**译文：**

敌方细微的疏忽也必须抓住利用，无论多么微小的利益我方也必须得到。变敌方小的疏忽为我方小的利益。

---

**代表动物：**

## 贼鸥

贼鸥是一种海鸟，长得和海鸥有点儿像，但它们的习性截然不同。贼鸥的名字里有个“贼”字，是因为它们喜欢去抢夺别的海鸟的食物，简直像“空中强盗”。在南极生活的贼鸥喜欢“顺手牵羊”，总趁着阿德利企鹅照顾幼崽的时候，飞到企鹅的领地上空盘旋，一旦看到企鹅稍有疏忽，就叼走一只小企鹅。

这么多小企鹅，
顺手去抓一个吧。
小心贼鸥！
机会来了！
得手喽！

- **动物小档案**

名称：贼鸥

家族：脊索动物门—鸟纲—鸥形目—贼鸥科

生活环境：大陆沿海、海湾、近外海、海岛等海洋环境

食物：鱼类、小型鸟类和小型哺乳动物

天敌：大型猛禽（如白尾海雕、白头海雕）

- **深入了解**

**抢夺食物**

贼鸥不擅长自己捕食，它们常常利用超强的飞行能力尾随其他海鸟，通过不间断的攻击行为迫使其他海鸟吐出口中的食物。它们也不讲究，抢到什么食物就吃什么。南极贼鸥有时候甚至会闯进南极科考站的食品仓库，大吃特吃。不过大多数时候，它们只能靠吃科考站的垃圾维持生命，因此被称为“义务清洁工”。

**极地生存**

贼鸥主要分布在北极和南极地区，这些地方的环境极其恶劣，贼鸥却展现出了惊人的适应能力。它们有着厚实

的羽毛和强健的体魄，能够抵御刺骨的寒风和冰冷的海水。在极地的夏季，贼鸥会聚集在悬崖峭壁上繁殖后代，而到了冬季则会飞往更温暖的海域过冬。

**空中优势**

尽管贼鸥在陆地上并不算强大，但在空中，它们是名副其实的霸主。贼鸥拥有出色的飞行技巧，它们的翅膀宽大有力，能够在强风中稳定飞行，甚至能在海面上空长时间盘旋，寻找合适的掠夺机会；它们流线型的身体可以让空气更好地流到尾部，减少身体前后的气压差，从而提升飞行速度。这种空中优势让贼鸥在海洋生态系统中占据了独特的位置。

**领地意识**

贼鸥习惯独自生活，但有时候也会集成松散的群体在海洋上空活动。贼鸥有很强的领地意识，会用脚爪、喙或翅膀攻击入侵者，试图赶走它们。但很多时候，贼鸥会落在地面上，将翅膀垂下，假装受伤来避开冲突，减少能量消耗。

第十三计

# 打草惊蛇

**计谋原文：**

疑以叩实，察而后动；复者，阴之媒也。

**译文：**

对于有疑问的要查问核实，察看清楚后才能行动。反复侦察，是发现敌人隐情的重要手段。

---

**代表动物：**

## 海燕

海燕是一类小型海鸟，主要栖息在大海上，在地球各大洋都能见到它们的身影。海燕以海里的小鱼或浮游生物为食。它们虽然不是猛禽，却自有一套捕食方法。轻盈的海燕会使用“打草惊蛇”的计谋，贴着海面用脚爪轻轻或摇晃海水，等到小鱼或浮游生物受到惊扰，惊慌失措地浮出水面，海燕就能饱食一顿了。

看不到食物，得想个办法。
小鱼儿，快浮上来吧！
什么情况？有大鱼来了吗？
这下你跑不了了！

## • 动物小档案

名称：海燕

家族：脊索动物门—鸟纲—鹱形目—海燕科

生活环境：地球各大洋的海域

食物：小鱼、乌贼、海洋浮游生物等

天敌：贼鸥

## • 深入了解

### 风浪中捕食

你也许读过高尔基的《海燕》，文中描绘了海燕在暴风雨来临之际勇敢飞翔的形象。事实上，娇小的海燕当然没有与风暴抗衡的能力，但它们确实会利用风浪。浪花和波涛会将海洋中的小鱼虾和浮游生物冲到海面上，使得海燕更容易捕食。海燕身姿矫健，具有出色的飞行能力，使得它们可以在一般的风浪中敏捷穿行。

### 奇怪的“鼻涕”

海燕的鼻子称为“管鼻”，顾名思义，这鼻孔就像一根管子。海燕大部分时间都生活在远洋，吃海里的生物时难免会喝入咸咸的海水。于是，它们就通过这根管子把血液中多余的盐分排出来。平时，海燕的鼻孔周围总是挂着排出的盐，看起来就像流鼻涕一样。

**岸上的生活**

海燕生活在大海上，只有到了繁殖季节，它们才会集体上岸，筑巢产卵。海燕夫妻会在岩石间、树根间挑选某个洞穴营巢，并在巢穴里产卵。有意思的是，绝大多数海燕一次只能生一个蛋。这个蛋孵化后，海燕父母还会照顾幼鸟，直到它能独自来到海上生活。

**独特的“武器”**

有一种南极海燕，它的鼻孔与胃相通，平时总有糊糊的东西堵在鼻孔处，那是它应急时独特的武器。一旦看到入侵者，南极海燕就会张大口，伸长脖子。那可不是在表示欢迎，而是在准备“武器”。如果入侵者继续前行，它就会突然发起进攻，把胃里的液体像水枪一样喷射出来，足足能喷半米远。

第十四计

# 借尸还魂

**计谋原文：**

有用者，不可借；不能用者，求借。借不能用者而用之，匪我求童蒙，童蒙求我。

**译文：**

凡是有所作为的人，就很难驾驭，不可利用；而没什么作为的人则会求助于我。驾驭无所作为的人来为我所用，这就是《易经》中说的不是我求助于蒙昧之人，而是蒙昧之人求助于我的道理。

---

**代表动物：**

## 金小蜂

金小蜂是一类寄生蜂，同普通蜜蜂一样，它们的幼虫不用自己觅食。不同的是，金小蜂成虫不需要自己喂养幼虫。它们有自己的绝招，只需要将卵产在其他昆虫身上，就能让幼虫在这些昆虫体内孵化，并将昆虫当成幼虫的粮仓。而被寄生的昆虫，也会在这个过程中慢慢死去。这一招“借尸还魂”，让金小蜂的幼虫得以顺利长大。

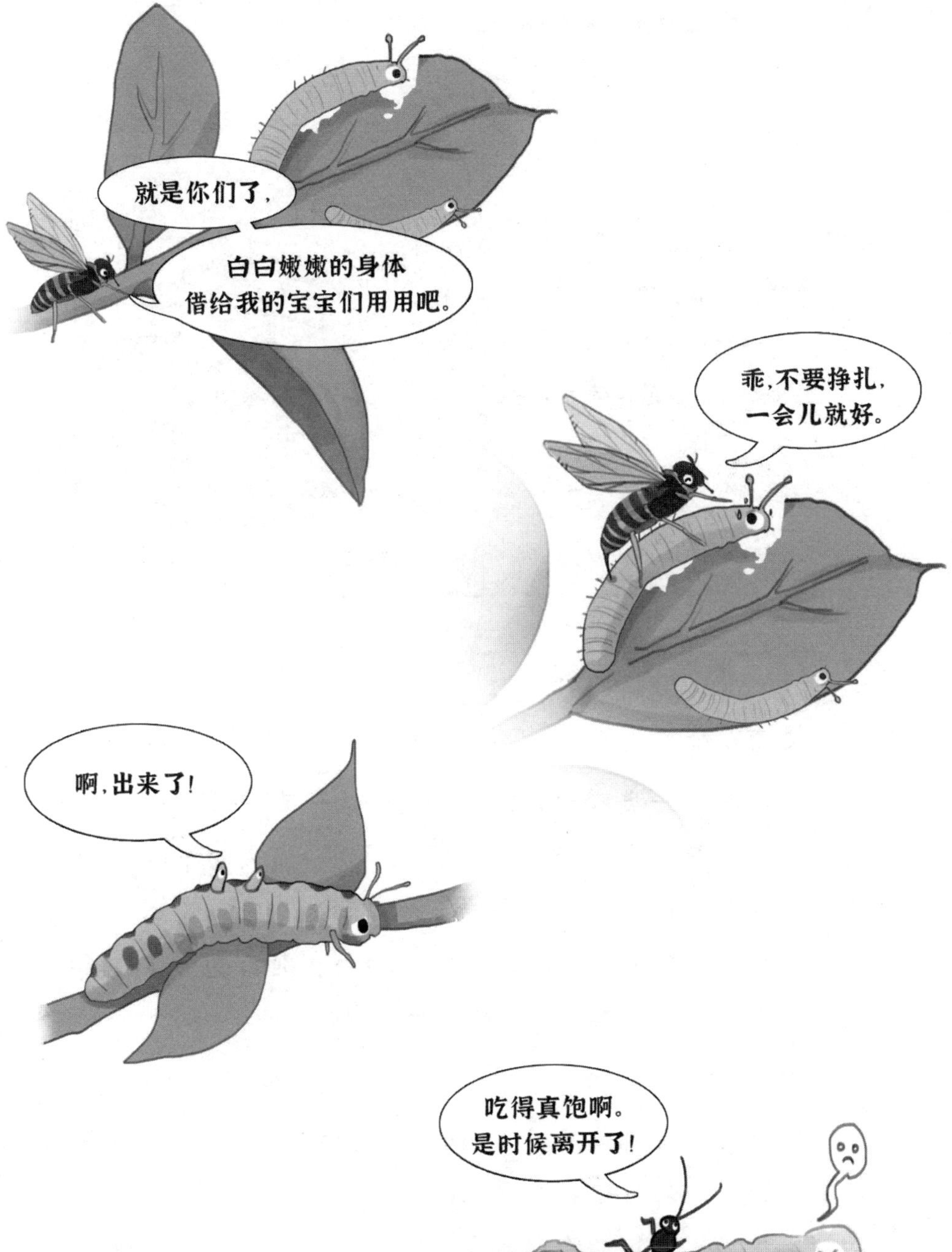
就是你们了，
白白嫩嫩的身体
借给我的宝宝们用用吧。
乖，不要挣扎，
一会儿就好。
啊，出来了！
吃得真饱啊。
是时候离开了！

## • 动物小档案

名称：金小蜂

家族：节肢动物门—昆虫纲—膜翅目—金小蜂科

生活环境：温带或热带地区的田间、森林

食物：植物汁液、昆虫体液

天敌：无

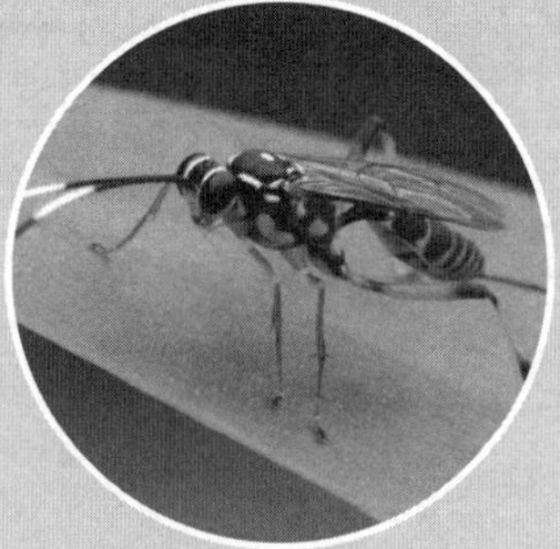

## • 深入了解

### 变态发育

金小蜂是一类膜翅目昆虫，它们的发育叫作“变态发育”。金小蜂一生要经历卵、幼虫、蛹、成虫四个阶段，小时候和长大以后完全不一样，所以称为“完全变态”。它们的蛹是丝织成的茧状，金小蜂幼虫在别的昆虫体内长大后，会钻出来，在昆虫体表结蛹，羽化成虫。

### 空中生活

膜翅目昆虫都有两对透明的、薄膜般的翅膀，金小蜂也不例外。这两对翅膀是它们的飞行利器，虽然细小但振动频率极高，使它们能够在空中进行快速而精确的动作。

长大成虫后，金小蜂会离开宿主，剩下的时间都在空中生活。它们的飞行不仅快速，而且异常灵活，能够在瞬间改变方向，进行急转弯和快速俯冲。

**操控高手**

金小蜂是当仁不让的“操控”高手。它那针一样的产卵器不仅能产卵，还能用来注射毒液或麻醉剂。有些种类的金小蜂能给蟑螂脑部注射毒液，让蟑螂变成“植物人”，乖乖听它的摆布，跟着它来到封闭的洞穴中，“心甘情愿”成为金小蜂幼虫的食物。

**寄生方式**

不同种类的金小蜂选择的寄生宿主不同，寄生方式也略有区别，有的直接将卵产在幼虫体内，有的选择在蛹的阶段下手，有的则干脆操控成虫来寄生。寄生的生活方式听起来让人恐惧，但金小蜂的主要宿主如菜粉蝶、棉铃虫等，都是农田里的破坏者，金小蜂也因为寄生的习性，成为人们防治害虫的选择之一。

第十五计

# 调虎离山

**计谋原文：**

待天以困之，用人以诱之，往蹇来返。

**译文：**

利用天然的条件去围困敌人，用人为的方法去诱骗敌人。如果前路有危险，就引诱敌人过来。

---

**代表动物：**

## 金豺

金豺是一种犬科动物，长得像狼，但体形比狼小。和狼一样，它们总是成群生活在一起，有着严密的等级制度。有时候，金豺会合作捕猎，去挑战比它们大得多的瞪羚。它们善用“调虎离山”之计，由一到两只金豺负责引开成年瞪羚，剩下的金豺就抓住机会，从后方攻击落单的小瞪羚。

快走开!这里不是你们该来的地方。
休想靠近我们的宝宝!
是时候出手了!
我们上当了!

- **动物小档案**

名称：金豺

家族：脊索动物门—哺乳纲—食肉目—犬科

生活环境：稀树草原、沙漠和干旱的草原

食物：食草动物、啮齿动物

天敌：狮子

- **深入了解**

**群居生活**

金豺很少单独活动，它们喜欢群居生活，最少由雌雄一对，大多是由雌雄金豺加上小金豺的群体一起活动。它们在族群中有着严格的等级制度，群中有豺王、兵豺、保姆豺等各种分工不同的成员，共同守护着家族的领地，就像一个完美的军事组织。

**集体捕猎**

金豺多采取集体围攻的办法来猎食，它们把猎物围住一齐进攻，展现出高超的捕食技巧。金豺群多由强壮的“头领”带领一个或几个家族临时聚集而成，它们在一起集体狩猎，威力比狼群还要强大。聪明的金豺并不总是用同一种方法来捕猎，而是会根据对手的情况，分别采取措施，针对猎物的特点来捕杀猎物。

**喜欢嚎叫**

金豺像狗一样，喜欢嚎叫。它们能发出各种嚎叫的声音，诸如吠叫、咆哮、咯咯叫、呜呜叫。最奇特是金豺在黎明和黄昏时的集体嗥叫，那是一种高亢的号哭，就像一群迷路的探险者在绝境中号啕大哭一般。这是金豺在宣告领土的所有权呢！

**领地意识**

金豺有很强的领地意识，会通过尿液和粪便标记自己的领地，警告其他群体不要越界。在领地内，金豺群会共同狩猎，分享食物，保护幼崽。当外来者侵犯时，金豺群会团结一致，展现出惊人的战斗力。

第十六计

# 欲擒故纵

## 计谋原文：

逼则反兵，走则减势。紧随勿迫，累其气力，消其斗志，散而后擒，兵不血刃。《需》，有孚，光。

## 译文：

把敌人逼得太紧，他们就会反扑；让敌人逃跑则可以减弱敌人的气势。紧紧跟着敌人但不要过于逼迫，而是要消耗对方体力，消磨对方斗志，等敌人溃不成军的时候再攻击他们，就可以不费一兵一卒赢得胜利。这就是《易经》中说的善于等待才会有收获的道理。

---

## 代表动物：

### 蛇鹫

蛇鹫是一种生活在非洲草原上的猛禽，它最爱吃的就是草原上的蛇。即使是有剧毒的眼镜蛇或蝰蛇，蛇鹫也丝毫不惧。在捕猎毒蛇时，蛇鹫会采用“欲擒故纵”的战术，在伸出长腿给出快速一击后，立刻跳得远远的，等蛇的反击落空后，再伺机攻击。这种战术能让蛇无法逃走并无力反击，最终成为蛇鹫的大餐。

啊,是谁?
刚才谁踩我?
可恶,是蛇鹫!
我完了……

## • 动物小档案

名称：蛇鹫

家族：脊索动物门—鸟纲—隼形目—蛇鹫科

生活环境：热带开阔的大草原和稀树草原、半沙漠地区

食物：蛇、蜥蜴、昆虫以及小型哺乳动物

天敌：狞猫

## • 深入了解

### 擅长步行

虽然是鸟，但蛇鹫更喜欢在草原上步行。它们身高一米有余，尤其是两条修长的腿，是所有猛禽中最长的，十分适合在草原上行走。腿的上半部长着黑色的短绒毛，看起来像穿着绒裤。小腿和脚表面长有厚厚的角质鳞片，能保护蛇鹫在草丛或灌木丛中行走时不受到伤害。

### 毒蛇克星

蛇鹫长长的双腿看上去虽然纤细伶仃，却威力巨大。它们能在瞬间以极大的能量暴击蛇的头和身体，让蛇晕头转向，毫无还手之力。在捕蛇时，蛇鹫会展开双翅，以极

其敏捷的动作与毒蛇周旋，让毒蛇无法准确定位，毒液自然也就派不上用场了。而且，蛇鹫小腿上的角质鳞片也能有效防止毒蛇的攻击，让毒液无法穿透。

**优雅飞行**

蛇鹫习惯独来独往，总是独自在草原上迈着长腿捕食。只有到了求偶的季节，它们才展翅飞到空中去。这时，雄鸟直冲天空，然后收起翅膀垂直降落，在接近地面的一瞬间又灵巧地振翅起飞；或者将长长的腿和尾巴直伸向身后，在空中划出优美的圆弧，姿态十分优雅。求到伴侣后，两只鸟还会一起在空中双宿双飞，展示一段“浪漫”的舞姿。

**树顶的家**

蛇鹫是家庭的守护者，它们对伴侣忠诚，一旦配对成功，便终身相伴。在繁殖季节，蛇鹫雌雄双方会共同筑巢，轮流孵化卵和抚养雏鸟。蛇鹫的巢通常建在树上，远离地面，以保护雏鸟免受天敌的侵害。蛇鹫父母会不遗余力地保护和喂养雏鸟，直到它们羽翼丰满，能够独立生活。

第十七计

# 抛砖引玉

**计谋原文：**

类以诱之，击蒙也。

**译文：**

用类似的方法去引诱敌人，便可趁机打击愚昧懵懂的敌人。

**代表动物：**

## 鳄龟

鳄龟是一种大型的淡水龟，也叫“大鳄龟”。它的背甲上有山峰状的突起，让鳄龟看起来如同鳄鱼般威风凛凛。最有意思的是鳄龟的捕食方式。它们一般不主动出击，而是用舌头上蠕虫状的肉凸来引诱小鱼。这肉凸无论是颜色、形状还是在水中的姿态都酷似虫子，有了这“抛砖引玉”的绝技，鳄龟可以静静等待猎物上钩啦！

天气不错，
我来钓鱼啦！
这里有好吃的！
看起来很好吃的样子……
确实挺好吃的。

## • 动物小档案

名称：鳄龟

家族：脊索动物门—爬行纲—龟鳖目—鳄龟科

生活环境：热带和温带的河流、浅湖、沼泽中

食物：小鱼、小鸟、蛇、螺、蝌蚪等

天敌：鳄鱼

## • 深入了解

### 喜欢安静

鳄龟喜欢安静的生活环境，白天，它们总是静静地趴在水中的木头或石块上，只把眼睛鼻子露出水面。有时候，鳄龟漂浮在水面，凭借背甲的保护色完美隐身，就像漂在水上的一截烂木头，不容易被发现。有时候，它们还会四肢朝上、背朝下，将头露出水面呼吸。鳄龟不喜欢强光，所以总在清晨或傍晚时活动。

### 咬合力强

鳄龟的体形在龟家族中算是较大的，雄性成年鳄龟能长到 70 千克重，有些特别大的甚至能超过 100 千克。它们

的头部粗大，颚部强劲有力，上颌就像锋利的钩子，能够轻松咬碎猎物。据科学家测定，鳄龟的咬合力甚至超过了某些大型鲨鱼，足以将坚硬的骨头咬碎。

**变温动物**

鳄龟是一种变温动物。它们体内没有调温系统，因此体温会随着外界环境的温度而变化，天冷的时候它们的体温低，天热时体温也相应升高。20℃～33℃是鳄龟最喜欢的温度，高于这个温度，鳄龟就会到水底避暑；低于这个温度，鳄龟会减少活动量；一旦温度低于10℃，鳄龟就会进入冬眠状态。

**上岸产卵**

鳄龟平时生活在水里，到了繁殖期会上岸来产卵。雌性鳄龟每隔几年才会繁殖一次，它们会选择温暖湿润的季节，爬上岸，来到离水面几百米远的地方，挖洞产卵。它们一次能产几十甚至上百颗卵,这些卵会在几个月内孵化。小鳄龟幼年时生长缓慢，一旦长到250克以上，就会快速生长，成为水中的庞然大物。

## 第十八计

# 擒贼擒王

**计谋原文：**

摧其坚，夺其魁，以解其体。龙战于野，其道穷也。

**译文：**

摧毁敌人的主力，只要抓住他们的首领，就可以瓦解全军的整体力量。就好比龙出大海到原野上作战，便是到了穷途末路的时候。

---

**代表动物：**

### 狼蛛

狼蛛是一类凶猛蜘蛛的统称。不同于常见的圆网蛛，狼蛛一般不织网，而是住在地下的洞穴里。它们会吐丝来装饰洞穴，并感受外部环境的变化。对于捕猎，狼蛛有着自己独到的理解。它们深谙“擒贼擒王”的谋略，不愿意浪费时间，即使面对众多猎物，它们也会迅速出击，抓住首领，第一时间注入毒液，迅速瓦解猎物的武装力量。

食物来了。
抓住了!
安静一些,小田鼠。
开饭了!

- **动物小档案**

名称：狼蛛

家族：节肢动物门—蛛形纲—蜘蛛目—狼蛛科

生活环境：世界各地的田间、水边及山区

食物：昆虫、蜥蜴、小型哺乳动物

天敌：蛛蜂

- **深入了解**

**捕猎利器**

狼蛛的腿长而有力，末端装备着锋利的爪子，就像一柄柄利刃。狼蛛的嘴部有一对强壮的螯肢，能够迅速钳制猎物，注入致命的毒液。这种嘴部结构，是它们捕食的利器，让狼蛛在自然界中成为无情的猎手。

**伪装大师**

狼蛛是伪装的高手，无论是沙地还是草丛都能完美伪装。它们的身体上有时还带有类似环境的图案，比如沙砾或植物的纹理，这让它们在捕猎时能够悄无声息地接近猎物，或是在遇到威胁时隐藏自己。

**地面通信**

狼蛛有着自己的通信方式，它们通过地面震动来感知和传递信息，这种震动可以是由它们自己的行动产生，也可以是其他狼蛛或潜在猎物的行动引起的。狼蛛能够通过这些微妙的震动来识别同伴、寻找配偶，或是发现猎物的位置。

**母爱如山**

与大多数节肢动物不同，狼蛛展现出了惊人的母性。雌性狼蛛在产卵后会将卵囊携带在纺丝器上，小心翼翼地保护着。当幼蛛孵化出来后，它们会爬到母蛛的背上，母蛛会背着它们四处觅食，保护它们免受天敌的侵害。在这段时间里，母蛛的保护几乎无微不至，直到幼蛛足够强壮，能够独立生存。

第十九计

# 釜底抽薪

**计谋原文：**

不敌其力，而消其势，兑下乾上之象。

**译文：**

不要直接攻打敌人的主力，而是要间接削弱他的气势，采用以柔克刚的方式来战胜强敌。

---

**代表动物：**

## 海星

海星是一类无头无尾的海洋动物，因为长得像一颗颗五颜六色的小星星而得名。海星移动缓慢，看起来没什么危害的样子，其实也有自己的一套捕食“妙计”。海星的食物是各种贝类，贝壳坚硬，不好取食，海星只需用管足上的吸盘将贝壳拉开一条缝隙，就能将自己的胃伸进去，一招“釜底抽薪”，把贝类的内脏部分直接消化。

只要我闭紧壳，谁都别想进来！
就一条缝，你能把我怎么样！
这是什么？软绵绵的
什……什么？太不讲道理了……

## • 动物小档案

名称：海星

家族：棘皮动物门—海星纲

生活环境：温带和热带海洋的浅海珊瑚礁、沙滩、潮汐地

食物：贝类、海胆、海葵、珊瑚等行动缓慢的海洋生物

天敌：海鸥、水獭

## • 深入了解

### 身体构造

海星又叫“海盘车”“星鱼”，但它不是鱼，而是和海参、海胆等一样同属于棘皮动物。海星的整个身体构造简单而精妙，有一个中央盘，四周是呈辐射状排列的腕。中央盘是扁平的，是海星的内脏和神经系统所在。中央盘连接着所有的腕，但连接处并没有明显的分界。每条腕上都有丰富的感知器官，并能够独立活动。

### 行走方式

海星身体扁扁的，看上去好像没有脚，它们在水中移动，靠的是覆盖在腕底部的管足。每条管足的末端都有一

个吸盘，吸盘一吸一放，海星就向前走了。这样的移动方式使得海星无论是在沙质海底还是岩石缝隙中都能自由行走。不过这样的运动方式是很慢的，海星一分钟只能走几厘米。

**腕足数量**

我们常见的海星通常有五个腕，但海星的种类很多，腕的数量也不是固定的,有的有十几条,也有的多达几十条。这些腕下面都长着密密麻麻的管足，有些大只的海星甚至有上千个管足。不同种类的海星体形差距也很大，小的只有几厘米，大的能超过半米。

**再生能力**

海星拥有让人惊叹的再生能力，即使失去了一两条腕，它们依然能很快长出来。这种神奇的现象是通过海星皮肤里的干细胞实现的。当海星受到损伤时，这些干细胞就会分裂增殖，不断分化成不同类型的细胞，最终形成新的组织和器官。这一过程非常迅速，通常在几天内就能完成。凭借着这样的再生能力，海星得以在竞争激烈的海洋中生存下来。

## 第二十计

# 浑水摸鱼

**计谋原文：**

乘其阴乱，利其弱而无主。随，以向晦入宴息。

**译文：**

乘着敌方内部发生混乱，利用他们力量虚弱且没有主见时，使敌方顺从于我，就像《易经》说的：人要顺应天时去作息，天晚了就必须入室休息。

---

**代表动物：**

## 瓶鼻海豚

瓶鼻海豚是海边十分常见的一类海豚，又叫宽吻海豚。它们总是在靠近陆地的浅海活动，十分惹人喜爱。瓶鼻海豚可以在极浅的海滩侧着身子游泳，捕食这里的鱼。它们还有一项“浑水摸鱼”的绝技：用尾巴拍打海水，激起海底的泥沙，形成一道屏障，将鱼群圈在里面。这时，惊慌的鱼儿就会跳出水面，落入瓶鼻海豚的嘴里。

好险!
幸好我游得快。
这是在干什么?
啊!我们被困住了。
这下完蛋了……

## • 动物小档案

名称：瓶鼻海豚

家族：脊索动物门—哺乳纲—鲸目—海豚科

生活环境：热带和温带海域的沿岸和近岸区

食物：带鱼、鲅鱼、鲳鱼、沙丁鱼等群栖性海洋鱼类

天敌：虎鲸、鲨鱼

## • 深入了解

### 智力超群

海豚是一种被公认为高智商的动物，它们有着聪明的大脑，能够进行复杂的社会交流、学习、记忆、解决问题、使用工具等行为。瓶鼻海豚更是海豚中的智力佼佼者。它们不仅会制订合适的策略来捕食猎物，还会模仿其他海豚的声音或动作来进行学习或娱乐，甚至会利用自己的声音或身体语言来传递信息或表达情感。

### 情感交流

瓶鼻海豚拥有丰富的情感世界。它们喜欢结成小型的群体生活在一起，群体成员之间有着丰富的情感交流方式，

包括触摸、摩擦、亲吻等。成员们会在一起玩耍、捕食，也会互相帮助、互相保护。如果群体中一个成员遇到危险或受了伤，其他成员都会围拢过来，不忍心舍弃它。另外，瓶鼻海豚对人类也十分友好。

**回声定位**

瓶鼻海豚有高超的回声定位本领，它们利用声纳来相互通信，找到同伴。在情绪激昂、不安、好奇、饥饿及疼痛时召唤异性，瓶鼻海豚都能发出不同的信号，彼此间进行交流，遇难时也会发出求救信号。瓶鼻海豚还能利用这一本领准确地辨别方位，测定水深，测量离岸距离，并能精确地分辨出不同的猎物。

**交替睡眠**

海豚是一类海洋哺乳动物，需要不时到水面来呼吸新鲜空气，瓶鼻海豚也不例外。在浅海海岸，我们常能看到瓶鼻海豚跃出水面的身影。为了避免在睡熟时窒息，瓶鼻海豚掌握了左右脑轮流休息的睡眠方式，睡觉时总是半边脑袋休息，另外半边脑袋保持清醒。这种独特的睡眠方式在整个动物界都是十分罕见的。

## 第二十一计

# 金蝉脱壳

**计谋原文：**

存其形，完其势；友不疑，敌不动。巽而止，蛊。

**译文：**

保持阵地已有的阵形，进一步完备战斗的各种态势，使友军不产生怀疑，敌人也不敢贸然进犯。在敌人迷惑不解时，暗中转移主力，就能顺利躲过危机。

---

**代表动物：**

## 乌贼

乌贼俗称墨鱼，是一类生活在海洋里的软体动物。它们的标志性特点是体内长有一个墨囊，里面贮满了浓黑的“墨汁”。当遇到强敌来不及逃跑时，乌贼就会释放“墨汁弹”，把周围的海水染黑，好让自己“金蝉脱壳”，趁机逃跑。这些“墨汁”中还含有毒素，如果一不小心中招，可不是一件好受的事情。

咦？那好像是一只乌贼……
这下可以饱餐一顿了！
啊，这是什么？我的晚餐呢？
我明明觉得我抓住了那只乌贼……

- **动物小档案**

名称：乌贼

家族：软体动物门—头足纲—十腕目—乌贼科

生活环境：热带和温带海洋深水水域

食物：螃蟹、虾、贝类等

天敌：大型海洋动物

- **深入了解**

**变色大师**

乌贼的皮肤下布满了数以万计的色素细胞，这些细胞能够迅速响应，改变颜色和纹理，使乌贼能够与周围环境完美融合，实现卓越的伪装效果。其颜色变化不仅限于单调的色彩，更能展现出复杂的图案，甚至模拟光线与阴影，以达到最佳的伪装状态。

**海洋猎手**

乌贼拥有敏锐的眼睛，能够在深海微光中精准捕捉猎物的踪迹。它们有 10 条灵活的腕足，其中 8 条短腕足上均有大小不一的吸盘，另外 2 条长腕足可以自由地收缩，能够迅速捕捉并牢牢锁定猎物。同时，乌贼的喙部异常坚硬，能够轻松咬碎甲壳类动物的外壳，尽情享受海鲜大餐。

**学习能力**

乌贼展现出非凡的学习能力和解决问题的能力，甚至具备一定程度的社交行为。它们能够利用触手进行精细操作，如打开瓶盖或操纵玩具。这种智商使乌贼在多变的海洋环境中，无论是捕食还是逃避天敌，都游刃有余。

**奇特的“墨汁”**

乌贼喷出的当然不是真的墨汁，和一般写字用的墨汁成分完全不同，其中含有的黑色素是一种蛋白质，时间一长就会分解。如果用这种“墨汁”来写字的话，过不了多久，写出来的字就会消失不见了。但是，这“墨汁”中蕴含的特殊化合物能够干扰捕食者的嗅觉与味觉，提高乌贼逃脱的成功率。

第二十二计

# 关门捉贼

**计谋原文：**

小敌困之。剥，不利有攸往。

**译文：**

对弱小或数量少的敌人，要设法围困住他，而不宜去急追或者远袭。

---

**代表动物：**

## 海蛇

海蛇是一类生活在海洋中的蛇，它们一般在近海沿岸活动，以小型鱼类为食。海蛇有着敏锐的嗅觉，可以捕捉到水中细微的气味踪迹，搜寻到躲在礁石洞穴里的小鱼。这时，海蛇会使用“关门捉贼”的计策，不动声色地迅速游过去，用身体堵住洞口，将小鱼困在洞穴中，再从容地享受美食。

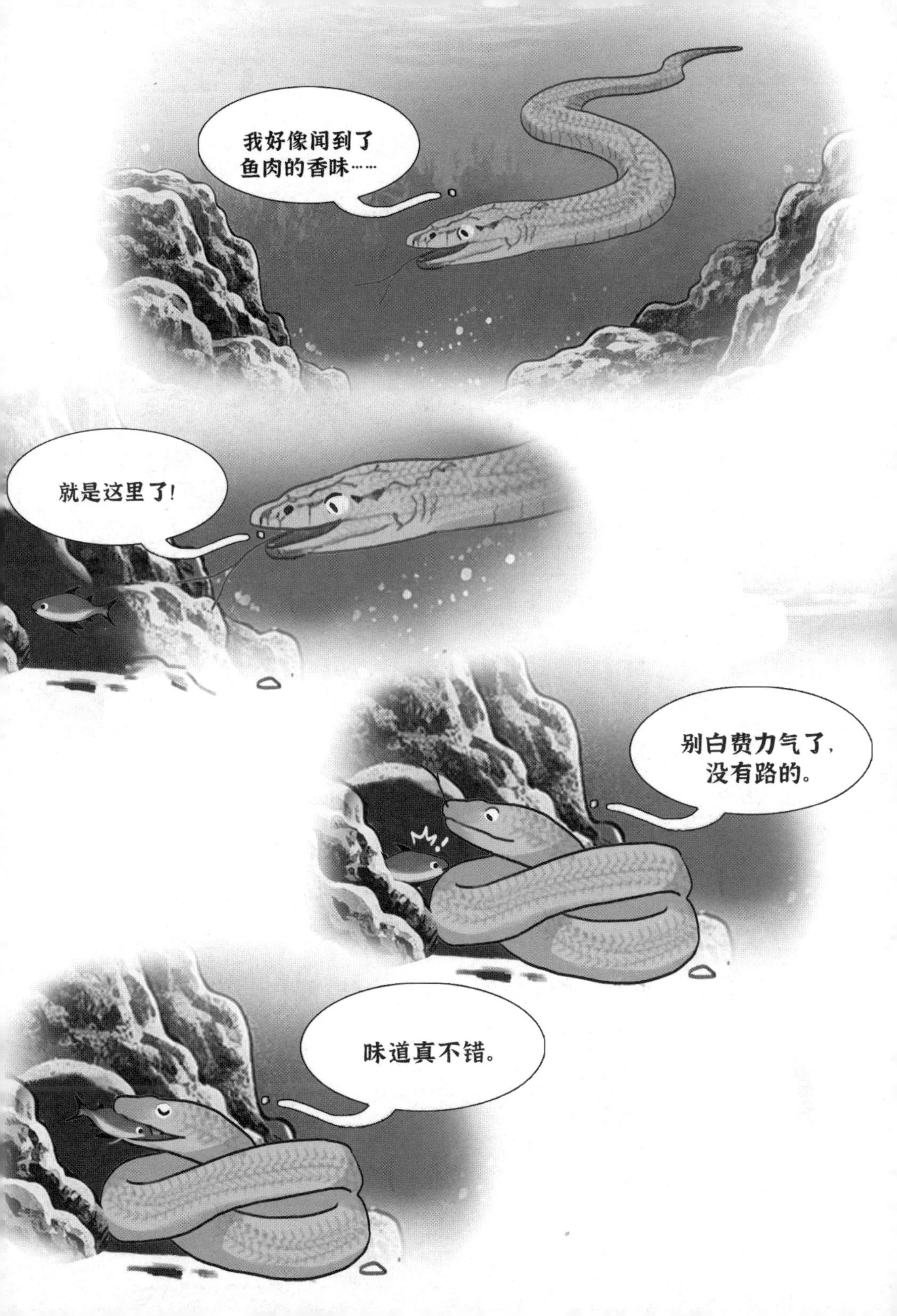
我好像闻到了鱼肉的香味……
就是这里了！
别白费力气了，没有路的。
味道真不错。

## • 动物小档案

名称：海蛇

家族：脊索动物门—爬行纲—有鳞目—海蛇科

生活环境：大陆架和海岛周围的浅水中

食物：小型鱼类

天敌：海鹰和其他肉食性海鸟

## • 深入了解

### 海水中生活

海蛇是一类生活在海洋里的爬行动物，它们有的喜欢待在海底的泥沙中，有的却喜欢珊瑚礁附近的清水。但不管哪一类海蛇，都不能在水里呼吸。它们的鼻孔向上仰着，可以露出水面呼吸空气，潜到水里时还可以通过瓣膜关闭。浅海海蛇的潜水时间一般不超过30分钟，深海海蛇可以逗留更长时间，但也不能超过3个小时。

### 可怕的剧毒

海蛇和陆地上的眼镜蛇关系较近，几乎所有种类的海蛇都有剧毒。人只要被它们轻轻咬上一口，就会受到严重损伤，甚至会危及性命。有些种类的海蛇，毒液比眼镜蛇的毒液还要毒。它们的毒是神经毒素，咬人时会麻痹人的神经，让人感觉不到疼痛，初期也没有明显的症状，等到发作就晚了。不过，海蛇并不会轻易攻击人类，只有在受到惊扰时才会伤人。

**退化的鳞片**

和陆地上的蛇一样，海蛇也是有鳞片的。但因为海蛇总在水中游动，不需要像陆地上的蛇那样靠鳞片来爬行，所以它们腹部的鳞片也退化变小了。与此同时，它们鳞片下的皮肤也比陆地上的蛇要厚，这是为了防止海水浸入体内。

**沙滩上产卵**

水陆两栖的海蛇会选择在海边的沙滩上产卵。到了繁殖季节，海蛇妈妈聚集在一起，往往能形成绵延几十千米的长蛇阵。它们在这里产下蛇卵，然后就不管了，任凭蛇卵自然孵化。有些完全生活在海水中的海蛇，则会使用卵胎生的繁殖方式，将卵在体内孵化，然后直接在水中产出小海蛇。

第二十三计

# 远交近攻

**计谋原文：**

形禁势格，利从近取，害以远隔。上火下泽。

**译文：**

如果受到不利地势的限制和阻碍，攻取附近的敌人就有利，攻取远隔之敌则有害。这就是《易经》中说的水火相克相生的道理。

**代表动物：**

## 鳄鱼

鳄鱼是一类凶猛的爬行动物，它们大多数时间都待在水中。虽然有些种类也可以在陆地爬行，但鳄鱼在陆地上的灵活性远不如在水中。因此，鳄鱼深谙“远交近攻”的计策，它们的猎物虽然大多是陆地动物，但它们不会爬上岸去，而是会选择静静埋伏在近岸的水边，等待陆地动物来喝水时就近攻击。

我的晚餐来了!
过来吧,小家伙。
就是现在!
没用的,
放弃挣扎吧!

## • 动物小档案

名称：鳄鱼

家族：脊索动物门—爬行纲—鳄目

生活环境：热带和亚热带的河流、湖泊、海岸

食物：鱼类、蛙类和小型哺乳动物

天敌：河马、花豹、巨蟒等

## • 深入了解

### “死亡翻滚”术

捕猎时，鳄鱼将大部分身体藏在水下，就像一艘潜水艇一样。它们甚至可以将心率减缓到每分钟只跳两下，从容地等待猎物靠近。然后，鳄鱼会以惊人的爆发力咬住猎物。这时，它们会使出独有的“死亡翻滚”绝招，在水里不断翻转，来扯下大型猎物身上的血肉。而较小的猎物则会在这种翻滚下被甩得支离破碎。

### 咬合力惊人

鳄鱼的颚是它们的致命武器。鳄鱼的咬合力十分惊人，体形最大的湾鳄咬合力能达到美洲豹的两倍，可以轻易咬碎猎物的骨头。而且湾鳄合上它的血盆大口，只需要二十分之一秒。即使是小型鳄鱼，被它们咬住也十分可怕。

**不断长新牙**

鳄鱼的牙齿看似尖锐锋利，但并不适合咀嚼。它们总是使用牙齿固定住猎物，然后靠一身蛮力将猎物撕成碎片。为了保持牙齿的锋利，鳄鱼总是在已有的牙齿底下不断地长出新牙，把旧的牙齿挤掉。正因为鳄鱼的牙齿不能嚼碎食物，所以它长了一个特殊的胃。鳄鱼的胃部十分坚韧，胃酸多而且酸度高，使鳄鱼的消化功能特别好，任何猎物都能被消化。

**鳄鱼的眼泪**

有时候，鳄鱼在吞食了其他动物之后，会“悲痛”地流上几滴眼泪。其实，这不过是鳄鱼在排泄体内多余的盐分而已。鳄鱼的肾脏功能不完善，体内的多余盐类需要通过其他腺体来排出体外。而这种腺体正好在鳄鱼的眼睛下方，所以看起来就好像在流眼泪一样。

第二十四计

# 假道伐虢

**计谋原文：**

两大之间，敌胁以从，我假以势。困，有言不信。

**译文：**

处于两个大国之间的小国，当受到敌方用武力强迫他屈服时，我方应该借机去援救，造成一种有利于我方的军事态势。但对于处于困境中的国家，只有空话而没有实际行动是难以取得他的信任的。

---

**代表动物：**

## 鬼脸天蛾

鬼脸天蛾是一种蛾子，之所以叫这样一个可怕的名字，是因为它们胸背上的花纹图案酷似骷髅鬼脸。鬼脸天蛾的成虫喜欢吃花蜜，但它们不喜欢自己采集花蜜，而是会选择“假道伐虢”的策略，模仿蜂王的声音骗过工蜂，让工蜂将它们迎入蜂巢。这样一来，鬼脸天蛾不费吹灰之力，就能在蜂巢内饱餐一顿了。

这里面肯定有香甜的蜂蜜！
是蜂王大人呀，请进。
哈哈！轻而易举。
啊，我们上当了！

## • 动物小档案

名称：鬼脸天蛾

家族：节肢动物门—昆虫纲—鳞翅目—天蛾科

生活环境：热带和亚热带地区的林间山区

食物：植物叶片、蜂蜜

天敌：鸟类、蜘蛛等

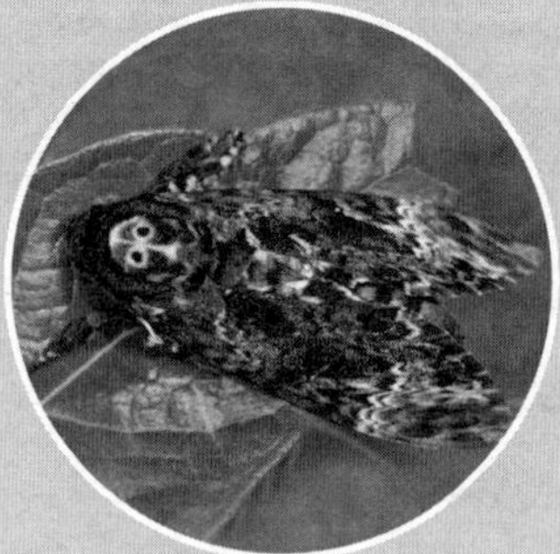

## • 深入了解

### 幼年生活

鬼脸天蛾是一种鳞翅目昆虫，它们的发育属于变态发育。与所有的蝴蝶、蛾子一样，鬼脸天蛾的一生会经历卵、幼虫、蛹、成虫四个阶段，它们的幼虫也和蝴蝶的幼虫很像。从卵中孵化出来后，鬼脸天蛾幼虫会依靠植物的嫩叶和嫩果为食，等长到一定程度后才从植物枝干上下来，钻入地下化蛹，等到春天温暖时羽化成虫。

### 伪装高手

鬼脸天蛾成虫的飞行能力并不强，白天它们总是静静地停在树木枝干上，到了晚上才开始活动。它们身上的花纹和树干的颜色很像，能够帮助它们完美地隐藏起来，与周围环境融为一体。有意思的是，它们背上的“鬼脸”其实是为了模仿其他动物的眼睛，好欺骗天敌，长得像鬼脸只是一种巧合。

**霸占蜂巢**

在夜晚，鬼脸天蛾可以依靠敏锐的嗅觉轻松找到蜂巢，并混进去食用蜂蜜。即使吃的时候被发现，蜜蜂也很难蛰伤它们，反而还会因为鬼脸天蛾的躯体坚硬而造成蜜蜂大量死伤。最后，鬼脸天蛾会成功霸占蜂巢，饱餐一顿后才从容撤离。一只鬼脸天蛾一次可以吸食大约 11 个巢房的蜂蜜，对蜂巢的影响是很大的。

**奇特叫声**

蛾子通常是不会发出叫声的，鬼脸天蛾却是个例外。它们能通过将腹中的空气从嘴里挤出来，发出“吱吱”的叫声，原理就像人们弹手风琴那样。每当遇到危险或威胁时，鬼脸天蛾就会一边发出叫声震慑天敌，一边飞快地逃跑。

第二十五计

# 偷梁换柱

**计谋原文：**

频更其阵，抽其劲旅，待其自败，而后乘之，曳其轮也。

**译文：**

采取措施频繁变更阵式，再暗暗从阵中要害处抽换其主力部队，等到他自行失败，再趁机加以控制。这就像《易经》所说，要控制住车的运行，必须拖住车的轮子。

---

**代表动物：**

## 杜鹃

杜鹃是一类生活在树上的鸟儿，在中国比较常见。它们最大的特点是从来不筑巢，而是采用“偷梁换柱”的计策，让别的鸟儿帮自己哺育幼儿。杜鹃妈妈会选择其他鸟的巢穴，寻找机会将卵产在其中。而小杜鹃总是比别的鸟蛋先孵化，之后，它会将还没孵化的鸟蛋推出巢外，自己冒充鸟妈妈的孩子，被抚育长大。

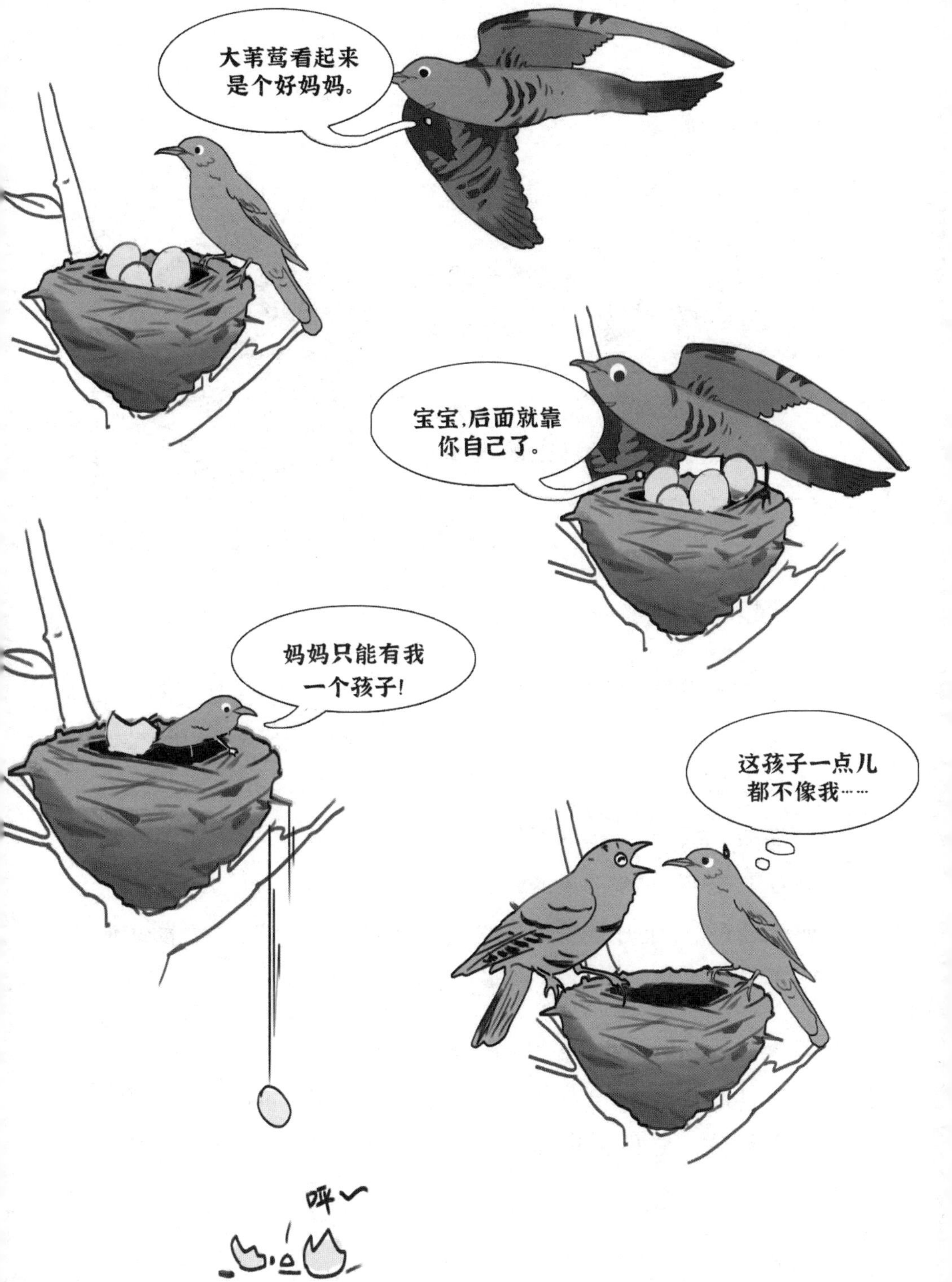
大苇莺看起来
是个好妈妈。
宝宝,后面就靠
你自己了。
妈妈只能有我
一个孩子!
这孩子一点儿
都不像我……
呼~

## 动物小档案

名称：杜鹃

家族：脊索动物门—鸟纲—鹃形目—杜鹃科

生活环境：山地、丘陵和平原地带的森林中

食物：以毛虫为主的昆虫、幼虫

天敌：猫头鹰等猛禽

## 深入了解

### 善于鸣叫

杜鹃善于鸣叫，叫声格外洪亮，而且每隔几秒就叫一次。我国常见的杜鹃有大杜鹃和四声杜鹃。大杜鹃总在白天鸣叫，发出“布谷布谷”的叫声，所以又叫布谷鸟。四声杜鹃会昼夜不停地鸣叫，发出类似“归，归”的叫声，叫声凄切，因此古人又将它们称为“子规鸟”，常在诗词中出现，表达悲苦哀怨的情感。

### 长途迁徙

杜鹃中有些种类是季节性迁徙的鸟类，比如大杜鹃和四声杜鹃，它们会根据季节变化和食物资源的分布进行长距离迁徙。在繁殖季节，杜鹃会返回繁殖地；在非繁殖季节，则迁徙到更温暖的地区寻找食物。这种迁徙行为不仅展现了杜鹃对环境变化的敏感性，也体现了它们适应不同环境的能力。

**飞行能力**

杜鹃拥有出色的飞行能力，它们的飞行速度很快，每次飞行距离也较远。平时，杜鹃总是隐蔽在大树中，一旦遇到惊吓就会迅速飞走。它们喜欢直线飞行，飞行时双翅震动幅度较大，但不会发出声响。有时候，杜鹃喜欢边飞边发出鸣叫声，声音高亢洪亮，可以传出去很远。

**独居生活**

杜鹃不喜欢热闹，通常独自行动，只有在繁殖期间才会和同伴相互追逐。它们在选择繁殖地点时也极为谨慎，常隐身于多叶的树枝上，远离地面的天敌。而在平时，杜鹃并没有固定的住所，总是四处游动，出没于森林中。

第二十六计

# 指桑骂槐

**计谋原文：**

大凌小者，警以诱之。刚中而应，行险而顺。

**译文：**

强大者欺凌控制弱小者，要用警戒的方法去进行诱导。主帅刚强中正就能得到下属的拥护和支持，必要时使用险诈的手段，可以迫使对方顺从。

---

**代表动物：**

## 眼镜蛇

眼镜蛇是一类让人“听而生畏”的毒蛇。一提起它们，人们就会想到那高昂的脑袋、扁平的脖颈、尖利的毒牙，还有“咝咝”作响的火焰般的蛇信子（舌头）。无论在哪里，眼镜蛇都是绝对的强者，面对猎物，它们有时会使出“指桑骂槐”的招数，摆出“招牌”姿势，把脑袋高高竖起，颈部膨胀起来，以绝对的气势来警戒对方，再伺机攻击。

就是你了。
颤抖吧，小蛇！
你跑不了的。
真是一顿美味的大餐！

## • 动物小档案

名称：眼镜蛇

家族：脊索动物门—爬行纲—有鳞目—眼镜蛇科

生活环境：水源丰富、林木茂盛的地方

食物：蛇类、蛙类、蜥蜴、鸟类、鸟蛋以及小型哺乳动物

天敌：蛇獴、蛇鹫等

## • 深入了解

### 生长繁殖

眼镜蛇属于爬行动物，是卵生繁殖的。雌蛇通常一次会产几颗到几十颗卵，有些种类的雌蛇会保护卵直到孵化，但大多数眼镜蛇卵会自己孵化。小蛇刚从卵中出来就已经具备了生存能力，可以膨胀颈部来恐吓敌人。在成长过程中，它们每年都要蜕皮 3 ～ 5 次，每一次都会长大一些。这个过程会持续眼镜蛇的一生。

### 致命毒液

眼镜蛇的毒液具有很强的毒性，只需要很少的量就能让一个成年人丧失性命。它们的毒液属于混合毒素，既有

神经毒，又有血液毒。这些毒液平时储存在眼镜蛇牙齿后方的毒腺里，捕猎时通过毒牙注射到猎物体内。眼镜蛇很珍惜它们的毒液，平时并不会主动攻击人类，更不愿意在人身上浪费宝贵的毒液。

**体形较大**

眼镜蛇是一类体形较大的蛇类，其中眼镜王蛇更是最大的毒蛇，可以长到5米以上。它们在战斗时不仅依靠毒液，更依靠庞大的身体来形成压制。这样的体形也让眼镜王蛇在与同类的搏杀中所向披靡，它们不像普通的眼镜蛇那般选择吃小型猎物，而是直接以蛇为食，即使是毒蛇它们也照吃不误。

**防御警戒**

相对于捕食，眼镜蛇更愿意用独有的“招牌”姿势来防御天敌。一旦感觉受到了威胁，眼镜蛇就会抬起头，膨胀颈部，嘴里发出“嗞嗞”的声音，试图警告对方自己并不好惹。有些种类的眼镜蛇甚至会直接从嘴里喷射毒液来进行防御，这些毒液喷溅到天敌的眼睛里，可导致失明。

第二十七计

# 假痴不癫

**计谋原文：**

宁伪作不知不为，不伪作假知妄为。静不露机，云雷屯也。

**译文：**

宁可假装不知道而不采取行动，也不可假装知道而轻举妄动。要冷静沉着，藏而不露。就像雷电在发声、发光之前那样沉静，一旦爆发攻击，便出其不意而获胜。

---

**代表动物：**

## 赤狐

赤狐也就是我们常说的狐狸，又叫“红狐”“草狐”。它是一种聪明机警的动物，常以狡猾的形象出现在文学作品中。赤狐捕猎很有技巧，有时候它们会采用“假痴不癫”的战术，假装睡觉来掩藏自己的行踪，让猎物无从发觉，再利用强大的嗅觉寻找猎物所在的位置，等待合适的时机发动攻击，一举捕获猎物。

啦啦啦，外面下着雪，
我的洞里真暖和……
是食物的香味……
抓住你了！
开饭了！

## • 动物小档案

名称：赤狐

家族：脊索动物门—哺乳纲—食肉目—犬科

生活环境：森林、草原、半沙漠、丘陵地带

食物：鼠类、两栖动物、爬行动物、昆虫、小鸟、小型哺乳动物和野果

天敌：狼、老虎等

## • 深入了解

### 外貌特征

赤狐的毛色多为赤褐色，身体细长，尖尖的嘴巴，大大的耳朵，短小的四肢，身后还拖着一条长长的大尾巴。它们的腿脚较短，爪子却很锐利，跑得也很快，追击猎物时速度可达每小时 50 千米，而且善于游泳和爬树。

### 夜行猎手

赤狐是夜行猎手，总是昼伏夜出。它们的眼睛在夜色中闪烁着光芒，耳朵尖尖，能够捕捉到最微弱的声音，它们的脚步轻盈，无论是在雪地还是灌木丛中，都能悄无声息地接近猎物。它们的食物范围广泛，不仅能够捕捉野兔

和鸟类，还能利用灵敏的嗅觉找到地下的鼠类。

**智谋猎手**

赤狐的捕猎方式充满智谋，它们总是在捕猎时展现出非凡的策略和耐心。赤狐会利用环境进行伏击，或是长时间跟踪猎物，等待最佳的攻击时机。它们还会使用声音和动作来迷惑猎物，例如模仿受伤的动物来吸引好奇的猎物。赤狐的这种狡猾和智慧，使它们在自然界中成为难以捉摸的猎手。

**家庭生活**

赤狐喜欢居住在土穴、树洞或岩石缝中，有时也占据兔、獾等动物的巢穴。除了繁殖期和育仔期间外，它们一般都独自栖息。赤狐一生只有一个配偶，它们会共同抚育后代，雌狐精心照顾小赤狐，雄狐则负责寻找食物。赤狐的警觉性很高，如果窝里的小赤狐被发现了，它们就会立即“搬家”。

## 第二十八计

# 上屋抽梯

**计谋原文：**

假之以便，唆之使前，断其援应，陷之死地。遇毒，位不当也。

**译文：**

故意给敌人一些方便，唆使他们前进，然后切断他们的后援，陷他们于死地。这就是《易经》中说的“敌人受我之唆使犹如贪食抢吃，只怪他自己见利而受骗，才陷于死地”的道理。

---

**代表动物：**

### 鹈鹕

鹈鹕是一类大型水鸟，又叫“塘鹅”。它们最具特色的就是嘴下面挂着的“大网兜”，那是它们捕鱼的工具。生活在水边的鹈鹕以捕鱼为生，为了增加捕食的机会，它们会成群结队一起捕鱼，而且善用“上屋抽梯”的计谋。捕食时，一群鹈鹕会将鱼群驱赶到浅水滩，然后截断鱼群的退路，将喙猛扎进水中捕食鱼儿。

注意队形，将鱼群往浅水区赶！
堵住退路，别让鱼跑了！
可以开动了！
真是丰盛的一餐！

## • 动物小档案

名称：鹈鹕
家族：脊索动物门—鸟纲—鹈形目—鹈鹕科
生活环境：湖泊、沼泽、咸水湖礁和沿海海岸水域
食物：小型鱼类
天敌：鳄鱼、老鹰等

## • 深入了解

### 捕鱼能手

鹈鹕的“网兜”其实是下嘴壳与皮肤相连接形成的喉囊，可以自由伸缩。在水中捕鱼时，它会张开大嘴兜水前进，把鱼和水一起兜进喉囊。然后，它闭上嘴巴，收紧喉囊，把里面的水挤出去，只留下鱼在嘴里。如果一次捕到的鱼吃不完，它的“大网兜”还可以当作储藏室。一般情况下，满满一网兜的食物够鹈鹕吃上一个星期呢！

### 飞行健将

鹈鹕是一种大型水鸟，它们的双翅展开时宽度惊人，可达数米。这使它们能够在空中长时间滑翔，并利用上升

的热气流节省能量。鹈鹕的飞行姿态稳健而优雅，能够轻松调整飞行高度和速度。在迁徙季节，它们展开双翅飞越千山万水，展现出令人惊叹的飞行能力和耐力。

### 群居生活

鹈鹕喜欢群居生活，它们通常成群结队地生活在一起，群体规模可达 50 只以上。在繁殖期，它们会与伴侣共同生活；而在非繁殖期，它们则以群体形式活动，一起睡觉和捕鱼。鹈鹕常在水域附近形成庞大的群体，共同抵御外来威胁，并促进彼此之间的社交互动。

### 繁殖后代

到了繁殖季节，雄鹈鹕会在空中跳 8 字舞，或用嘴巴上下撞击发出急促的响声，来向雌鹈鹕求爱。它们的巢通常建在水边的树上或岩石上，既方便觅食，又能保护雏鸟免受天敌的侵害。在孵卵期间，雌雄双方会轮流坐在巢中确保温度适宜。一旦雏鸟孵化出来，雌雄鹈鹕会轮流外出觅食，将捕获的鱼类等食物带回巢穴喂养雏鸟。

第二十九计

# 树上开花

**计谋原文：**

借局布势，力小势大。鸿渐于陆，其羽可用为仪也。

**译文：**

借助某种局面（或手段）布置成有利的阵势，虽然兵力弱小，但阵势要显得很强大的样子。就像《易经》说的：鸿雁飞到山头，它的羽毛可以用来编织舞的道具，这是吉利之兆。

---

**代表动物：**

## 伞蜥

伞蜥是一种生活在澳大利亚的蜥蜴，又叫斗篷蜥，因为脖子上长有一圈能像伞一样撑开的皮膜而得名。它们体形小巧，攻击力不强，却自有一套威吓天敌的招数。伞蜥会使用“树上开花”的计谋，一旦感觉受到了威胁，就会迅速撑开自己脖子上的“伞”，然后张大嘴巴发出哈气的声音，以此来威吓敌人。

这是什么？
看起来挺好吃的。
呃……什么东西啊？
好像有毒，不吃了！
好险呀！

- **动物小档案**

名称：伞蜥

家族：脊索动物门—爬行纲—蜥蜴目—飞蜥科

生活环境：澳大利亚北部、巴布亚新几内亚南部的干燥草原、灌木丛及树林中

食物：昆虫

天敌：大型猛禽、蛇类、大型蜥蜴等

- **深入了解**

### 树上生活

伞蜥生活在灌木丛或树林里，平时喜欢待在树上，捕捉猎物时才从树上下来。它们的四肢强健有力，爪子锋利无比，能够轻松攀爬树木和岩石，在森林中自由穿梭。它们利用身体的颜色和形态与森林环境融为一体，静静地等待猎物接近,然后突然出击,以迅雷不及掩耳之势捕捉猎物。

### 直立奔跑

伞蜥和其他蜥蜴一样，是用四条腿走路的。但一遇到危险就会抬起前腿，用两条后腿快速逃跑。伞蜥拥有独特的直立奔跑方式，后腿发力，身体腾空而起，前肢和尾巴划出优雅的弧线，如同一位连续跳跃的运动员。它们的速度和敏捷性使它们在逃避捕食者或追逐猎物时如同闪电般迅速且不可预测。

**奇特的“伞”**

伞蜥的身体稍稍有些扁，上面覆盖着细小的鳞片，需要靠环境温度的变化来调节体温。它们脖子上的“伞”就有散热的作用。这“伞”平时是合起来的，就像披肩一样，颜色也不起眼，但张开时会出现黄、橙等色彩，让它们看起来就像有毒一样，增加威慑力。有时候，雄性伞蜥在争夺地盘时，也会对敌手展开皮膜。

**夏季休眠**

在夏季高温和食物短缺的情况下，伞蜥会在高高的树洞里蜷缩起身子开始夏眠。它们将生命活动调整到极低的状态，以减少能量消耗和水分流失。当雨季到来，环境变得湿润时，伞蜥会结束夏眠，从树洞中出来重新开始活跃的生活。

第三十计

# 反客为主

**计谋原文：**

乘隙插足，扼其主机，渐之进也。

**译文：**

乘着有漏洞、空隙就赶紧插足进去，扼住它的关键、要害部分，循序渐进地达到自己的目的。

---

**代表动物：**

## 萤火虫

萤火虫是一类小型的甲虫，因为尾部能发出荧光而得名。夏天的夜晚，萤火虫在黑暗中发出点点光芒，看起来十分浪漫。其实，萤火虫幼虫是一种食肉昆虫，靠猎取钉螺狮和蜗牛来生活。捕食猎物时，萤火虫幼虫会抢占先机，一招“反客为主”，抓住猎物的漏洞，先给它来一针“麻醉剂”，使其失去知觉，再慢慢享用大餐。

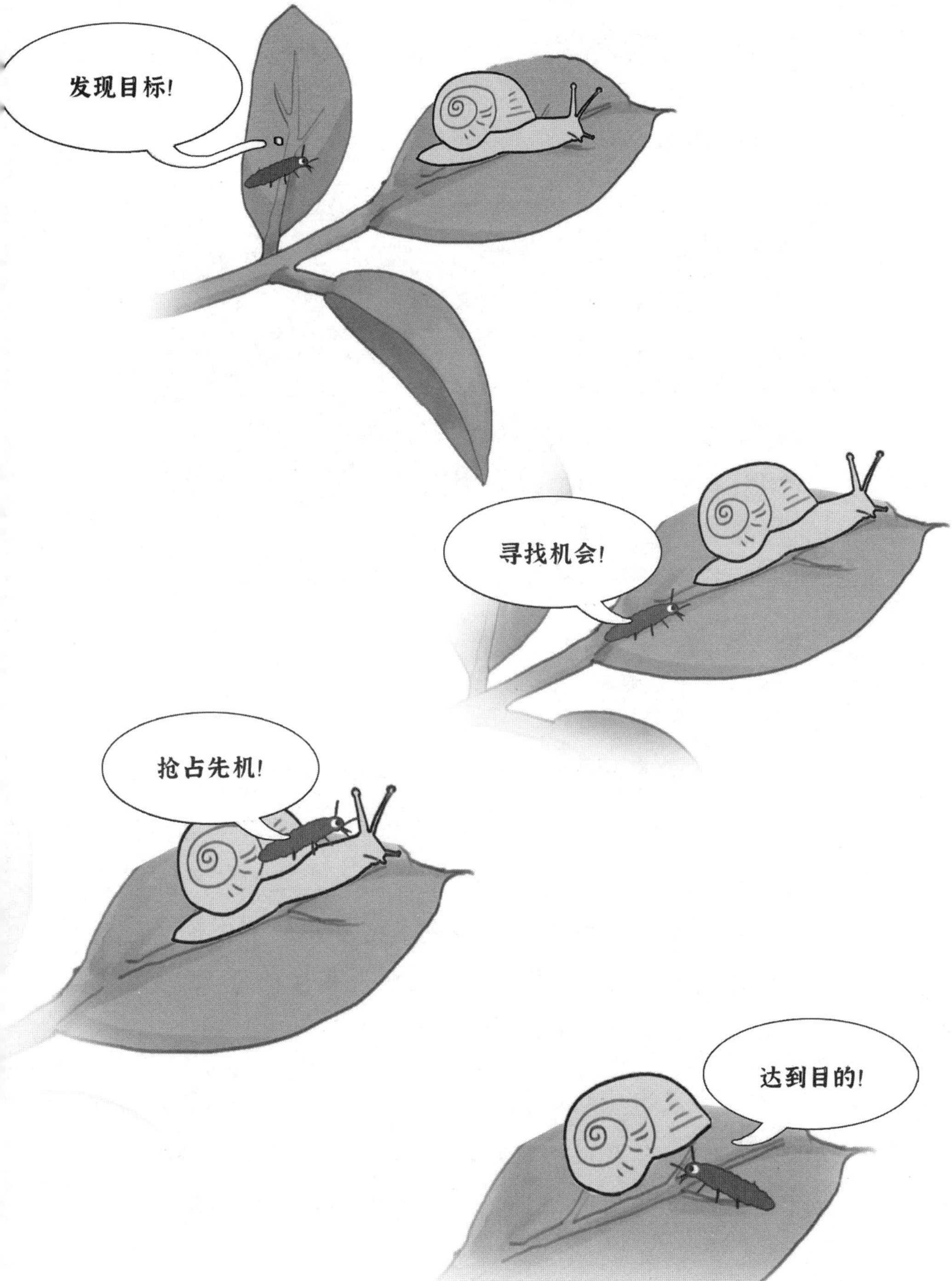
发现目标!
寻找机会!
抢占先机!
达到目的!

- **动物小档案**

名称：萤火虫

家族：节肢动物门—昆虫纲—鞘翅目—萤科

生活环境：温暖、潮湿、多水的杂草丛、沟河边及芦苇地

食物：蜗牛、螺、花蜜、植物汁液

天敌：蜘蛛、蛙类等

- **深入了解**

**柔和的冷光**

萤火虫的发光器位于腹部，它们发出的光十分微弱，只有在夜晚才能看得清楚。萤火虫的发光，简单地说，是荧光素在催化下发生的一连串复杂的生化反应，而光是这个过程中所释放的能量。这种光不是真正的火，因为它既没有火焰，也基本上没什么热度，所以又被称作“冷光”。

**发光的作用**

萤火虫没有专门的发声器官，因此利用发光来和同伴交流、求偶。在黑暗的夜晚，萤火虫通过各自发出的光就能清楚地知道彼此的位置。除此之外，萤火虫的光也可以

警告敌人：自己并不像它们想象的那样好吃。不同种类的萤火虫发出光的颜色也不同，有绿色的、黄色的和琥珀色的。

## 一生都发光

萤火虫是一种完全变态发育的昆虫，它们一生的所有阶段：卵、幼虫、蛹和成虫都会发光。它们的成虫因为性别差异，长相和发光部位也不同。雄虫大多有翅膀，发光器在腹部末端，光较微弱；雌虫没有翅膀，所以不能飞翔，但发出的光比雄虫亮。

## 假死逃生

萤火虫幼虫会捕食猎物，成虫却不会，往往只需要食用露水、花蜜或植物汁液就能生存下去。成虫的运动能力也较弱，虽然长了翅膀，但起飞也需要准备时间。因此，遇到危险时，萤火虫成虫会选择假死行为来增加逃脱的概率。这时，它们会停止闪光，从高处掉落草丛，等危险解除后再恢复飞行状态。

第三十一计

# 美人计

**计谋原文：**

兵强者，攻其将；将智者，伐其情。将弱兵颓，其势自萎。利用御寇，顺相保也。

**译文：**

对于兵力强大的敌人，就要攻击他的将帅；对于有智慧的将帅，就打击他的情绪。等到将帅情绪低落、兵士斗志颓废时，敌人的气势自然会萎缩衰退。利用这种方法来抵御敌人，就可以顺利地保存自己。

---

**代表动物：**

## 兰花螳螂

兰花螳螂是一种生活在热带雨林中的螳螂，因长相酷似兰花而得名。它们可以称得上是最漂亮的一种螳螂了，全身晶莹剔透，就像兰花粉白的花瓣。可这种看起来让人赏心悦目的昆虫，却是绝佳的猎手。它们以捕食蟋蟀等昆虫为食，总是伪装成兰花静静等在原处，猎物一旦靠近，就中了它们的“美人计”，成为兰花螳螂的一顿美食。

哇,一朵漂亮的兰花!
在这儿休息一会儿吧!
这这这,
兰花怎么会动!
大意了……

## • 动物小档案

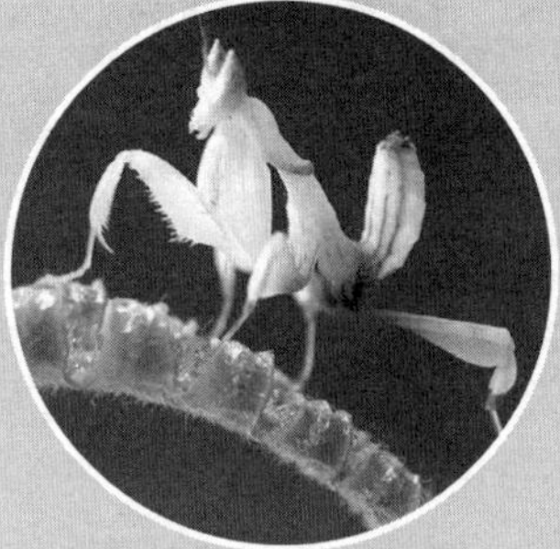

名称：兰花螳螂

家族：节肢动物门—昆虫纲—螳螂目—花螳科

生活环境：东南亚热带雨林

食物：蟋蟀等昆虫

天敌：蜘蛛、鸟类等

## • 深入了解

### 拟态本领

兰花螳螂全身都是白色的，上面有粉色或紫色的花纹，中足和后足就像兰花的花瓣一样。兰花螳螂甚至能够模仿花朵在风中摇曳的姿态，身体表面覆盖着细腻的纹理，与兰花的花瓣纹理高度相似。这种本领叫作拟态。即使只是单独出现在一片绿色的灌木丛中，它们也能因为自身的形态而被当成是一朵真正的兰花。

### 安静猎手

兰花螳螂伪装成兰花，是为了诱捕猎物。它们习惯在猎物经常往来的地方等待，等猎物走近了才以极快的速度扑上去。头上大大的眼睛能帮助兰花螳螂精确地锁定猎物。兰花螳螂时刻注视着周围的动静，一旦有任何昆虫经过，就立即出手，饱餐一顿。它们的前肢末端有尖锐的捕捉钩，能够牢牢抓住猎物使其无法逃脱。

**雌雄有异**

并不是所有的兰花螳螂都长得漂亮优雅。事实上，只有雌性兰花螳螂才具有那么美的兰花形态。而雄性兰花螳螂只有雌性的一半大，它们的体色较为平淡，步足也没有兰花形态，但能够更好地隐藏起来，埋伏捕猎。兰花螳螂小时候也不像兰花，而是红黑两色的。

**雄性的牺牲**

在自然环境中，雌性兰花螳螂为了孕育下一代所需要的蛋白质，仅仅依靠自身捕捉的食物来补充是远远不够的。因此，为了产出饱满的卵，雌性兰花螳螂只好吃掉自己的丈夫，以获取额外的营养物质，满足孕期所需要的养分。这一行为虽然残酷，但能够确保卵的发育并提高下一代的生存机会。

第三十二计

# 空城计

**计谋原文：**

虚者虚之，疑中生疑；刚柔之际，奇而复奇。

**译文：**

空虚的就让它空虚，使他在疑惑中更加产生疑惑。用这种刚与柔相互交会的方法对付刚强的敌人，这是奇法中的奇法。

---

**代表动物：**

## 寄居蟹

寄居蟹是一类寄居在死亡软体动物硬壳中的节肢动物。它的身体十分柔软，难以抵御捕食者，为了保护自己，寄居蟹必须找到一个适宜居住的螺壳。一旦遇到危险，寄居蟹便会使出一招“空城计”，将身子缩进螺壳里，只露出巨大的螯钳封住螺口。这时，猎手便会由于寄居蟹那看似强壮的螺壳和螯钳而放弃进攻。

沙滩散步真悠闲!
我看看这里
有什么好吃的。
看不见我看不见我!
看起来不好吃,
走了走了!

## • 动物小档案

名称：寄居蟹

家族：节肢动物门—软甲纲—十足目

生活环境：海滩、礁岩浅水区或珊瑚礁等海洋环境

食物：藻类、寄生虫、食物残渣等

天敌：海鸟、鱼类、章鱼、大型海螺等

## • 深入了解

### 奇特的外貌

寄居蟹的身体分为头胸部和腹部，头胸部有两只钳子和几对腿，腹部则藏在螺壳里。它们的钳子一大一小，大钳子用来防御敌人，小钳子用来抓食物。很多种类的寄居蟹眼睛都是突出的，可以灵活转动，帮助它们观察周围的环境。有些种类的寄居蟹有着鲜艳的色彩，小时候颜色比较浅，越长大颜色越深。

### 觅食小能手

寄居蟹是一种杂食性动物，它们几乎什么都吃！它们会用强壮的钳子捡拾沙滩上的食物，比如海藻、小鱼、死去的动物，甚至人类留下的食物残渣。寄居蟹的嗅觉非常灵敏，能闻到远处的食物味道。有时候，寄居蟹会合作觅食，但在食物不够的情况下，它们也会互相争夺，甚至同类相食。

**换螺壳的秘密**

寄居蟹没有自己的硬壳，所以它们需要住在空的螺壳里保护自己。随着身体长大，原来的螺壳会变得太小，寄居蟹就会开始寻找新的“房子”。它们会仔细检查每个空螺壳，找到合适的才会搬进去。有时候，几只寄居蟹还会排队换壳，最大的寄居蟹换到新壳后，原来的壳会留给小一点的寄居蟹，真是聪明的“换房”方式！

**与海葵共生**

除了利用螺壳进行自我保护，寄居蟹还会寻找海葵来做它的“卫兵”。海葵的触手能吸引海中的小动物，同时也能防止敌害接近。寄居蟹会背着行动困难的海葵寻找食物，一旦遇到天敌进攻，海葵就会用有毒的触手去蜇它，从而保护寄居蟹。海葵和寄居蟹形成了互利共生的关系。

第三十三计

# 反间计

**计谋原文：**

疑中之疑。比之自内，不自失也。

**译文：**

在疑阵中再布置疑阵，（使敌方安插在我方的人员因搞不清真实情况而去传递假情报）。这样依靠敌人的“内部人”（反间），就不会导致自己的失败。

**代表动物：**

## 叉尾卷尾

叉尾卷尾是一种生活在非洲的小鸟。它们体形不大，却是动物界的“诈骗”高手。叉尾卷尾和细尾獴总在一起合作捕食，它们十分机警，能充当细尾獴的哨兵，在天敌来临时发出警报，让细尾獴及时逃跑。但有时候，叉尾卷尾也会放出假情报，骗得细尾獴离开之后，去捡拾它们留下的猎物。这样真真假假、虚虚实实的反间计，往往让细尾獴防不胜防。

包在我身上!
上次多亏了你发出的警报,这次也要拜托你了!
快跑!有敌人!
快点快点!
啊,你这个骗子!
?!!

## 动物小档案

名称：叉尾卷尾
家族：脊索动物门—鸟纲—雀形目—卷尾科
生活环境：非洲荒漠地区
食物：各种昆虫
天敌：金雕等猛禽

## 深入了解

### 外形特征

卷尾科的鸟儿统称卷尾鸟。它们大多是黑色的，羽毛闪烁着金属光泽；喙嘴坚硬有力，适合捕食昆虫；翅膀宽，爪子尖锐，尾巴最外侧的羽毛较长。叉尾卷尾的尾巴更特别，从中间分了一条明显的叉，因此而得名。它们还长着一对红色的眼睛，点缀在一身黑色中，显得十分机灵。

### 智商极高

叉尾卷尾是一种智商很高的小鸟，它们能根据不同的情况来选择是否要实行欺骗行为。事实上，它们在大多数情况下都会给细尾獴提供真实信息，尤其是在一开始，叉尾卷尾会很有耐心地和细尾獴建立信任关系，为它们接下来的“行骗”制造机会。它们还会根据细尾獴的反应来及时调整欺骗战术。

**声音多变**

叉尾卷尾的欺骗战术十分多变，一旦细尾獴识破了它们的骗术，它们就会立刻更换策略。它们不仅会用自己的声音来发出警报，还会模仿细尾獴哨兵的声音，或是模仿其他鸟儿的声音发出警报，或是直接模仿细尾獴天敌的声音，让细尾獴防不胜防。叉尾卷尾的学习能力极强，可以模仿 40 多种不同动物的叫声。

**共生关系**

叉尾卷尾不止会欺骗细尾獴，有一种叫斑鸫鹛的鸟，也是它们的欺骗对象。不过，可别以为叉尾卷尾只靠“行骗”为生。事实上，它们的食物大多数还是自己捕食而来的，只有约四分之一是靠“行骗”得来的。叉尾卷尾和细尾獴、斑鸫鹛属于共生关系，它们跟在这些动物身后，提供的好处是远远多于被骗走的那点食物的。

第三十四计

# 苦肉计

**计谋原文：**

人不自害，受害必真。假真真假，间以得行。童蒙之吉，顺以巽也。

**译文：**

人们一般不会自我伤害，如果真的自我伤害，别人必然会认为是真实情况。以假作真，以真作假，那么离间计就可实行了。抓住敌人“幼稚朴素”的心理进行欺弄，就能顺着他的弱点达到自己的目的。

---

**代表动物：**

## 负鼠

负鼠是一类比较原始的有袋动物，因为总是背负着幼鼠而得名。负鼠的性情温驯，攻击性也不强，在遇到危险时，它们会使用装死的技巧来逃生。负鼠的装死能力十分逼真，它们躺倒在地，肚皮鼓得老大，呼吸和心跳中止，表情也显得十分痛苦。这一招“苦肉计”，往往会让捕食者放弃捕猎，而负鼠也就捡回了一条性命。

前方好像有猎物出没!
??? 
那是个活物吧?
都烂了,真恶心!
危险解除了。

## • 动物小档案

名称：负鼠

家族：脊索动物门—哺乳纲—负鼠目—负鼠科

生活环境：森林、草原、山地、田间、城市公园等

食物：昆虫、蜗牛、小型无脊椎动物、植物性食物等

天敌：猫头鹰、狼、蛇、狐狸等

## • 深入了解

### 尾巴强壮

负鼠的尾巴异常强健，不仅能够支撑它们的体重，还能在移动时提供出色的平衡。这种尾巴的力量和灵活性使负鼠能够在树枝间跳跃时保持稳定，减少跌落的风险。它们还会用尾巴抓住树枝，如同第五只手般灵活。

### 育儿专家

负鼠和袋鼠同属于有袋类动物，它们的身体上长有育儿袋。这个特殊的结构使它们能够在野外携带和保护幼崽。负鼠的幼崽生下来很小，它们会本能地爬向母亲的育儿袋，在那里继续成长，直至足够强壮。有时候，它们会用尾巴

缠住妈妈的尾巴，然后把脚插进妈妈松软的皮毛里，让妈妈带着它们外出探险。

**本能反应**

负鼠的装死技能不是主动选择的，它更像是一种本能反应。当它们装死时，身体会变得僵硬，体温下降，呼吸和心跳减慢到几乎不可察觉的程度。与此同时，负鼠肛门旁的臭腺里还会排出恶臭的液体，让对方以为它已经腐烂了。

**夜间行者**

负鼠是夜行性动物，白天总是待在树上，用四肢紧紧握住树枝。它们在夜晚最为活跃以避开日间的高温和捕食者。它们的眼睛拥有较大的瞳孔以捕捉更多的光线，适应了夜间活动。能够在人类和其他日行性动物休息时寻找食物，减少了竞争和危险。

第三十五计

# 连环计

**计谋原文：**

将多兵众，不可以敌，使其自累，以杀其势。在师中吉，承天宠也。

**译文：**

敌人将多兵广，不可以和他们硬拼，应设法使他们自相钳制，以削弱他们的势力。主帅在军中指挥，用兵得法，就会像有天神保佑一样。

---

**代表动物：**

## 黑猩猩

黑猩猩是和人类血缘关系最近的动物，而且许多行为也和人类相似。这种动物有着很高的智商，在捕猎时，它们更是会发挥群体优势，先使出“关门捉贼”计，截断猎物的退路，接着使出“调虎离山”“声东击西”之计，分离幼崽和母亲，锁定猎物并使它落单。这样一套连环计下来，猎物根本没有逃脱的空间。

包围红疣猴，切断退路！
我来引走它，你们去对付幼崽！
这里交给我们了！
今天的战术执行得很成功！

- **动物小档案**

名称：黑猩猩

家族：脊索动物门—哺乳纲—灵长目—猩猩科

生活环境：非洲中部和西部的热带雨林

食物：植物果实、昆虫、鸟类、小型哺乳动物等

天敌：花豹

- **深入了解**

**很像人类**

黑猩猩有很多地方都和人类很像，它们能直立行走，能用手抓握，幼崽的耳朵、嘴巴、掌心都是肉色的。成年黑猩猩全身都有乌黑色的毛发，胸腹部稍微稀疏一些。这些毛发长到一个可以保持体温的适当长度后，就不再继续生长了。有意思的是，就像人类老了会长白头发一样，黑猩猩也会随着年龄增长而生出灰褐色的毛发，有些甚至会长出白胡子来。

**社会生活**

黑猩猩是一种社会性的动物，喜欢组成群体共同生活。

群体的大小不一，小的只有三五只，大的可达到50多只。群体中有一定的等级关系，通常由一个成年雄性担任首领，群体成员遇到首领时会主动问好，首领也会应答。不同群体之间有时候会相互合作，有时候也会相互争斗。

**相互交流**

黑猩猩有许多和人类相似的行为，它们能做出喜、怒、哀、乐等表情，会互相牵手、拥抱、亲吻或用手抚摸对方，还会用不同的叫声搭配姿势和手势来表达较为复杂的感情。例如，它们会通过大声嚎叫通知同伴树上有果实，会通过惊吓的声音来表达受到了攻击。黑猩猩同伴之间也会彼此梳毛、挠痒痒等，来促进情感交流。

**使用工具**

黑猩猩是除了人类以外会使用工具的动物。它们具有很强的学习能力，常常会组织起来使用工具进行捕猎。不仅如此，黑猩猩甚至会学着自己制造工具。它们会从树枝上剥下叶子，然后伸到蚂蚁穴中捕捉蚂蚁；还会把石头打碎，选择比较尖锐的一角当作武器。

## 第三十六计

# 走为上计

**计谋原文：**

全师避敌。左次无咎，未失常也。

**译文：**

为了保全军事实力，全师退却避开强大的敌人。这种有秩序的撤退没有错，不违背正常的用兵原则。

---

**代表动物：**

### 犰狳蜥

犰狳蜥是一种南非沙漠特有的蜥蜴，它们没有和猎手硬拼的实力，因此深谙“走为上计”的策略。犰狳蜥总是几只一起趴在沙漠中的岩石堆间，一旦遇到危险就迅速钻进岩石的缝隙里。如果来不及，犰狳蜥就会用嘴咬住尾巴，将全身卷曲成一个“轮子”，让敌人无从下嘴，再找机会逃跑。有时候，它们还会以“轮子”的形式直接滚下山坡，逃避追捕。

有敌情,赶紧逃跑!
啊呀,来不及了!
!!!
想吃我可没那么容易!
??
逃脱成功!
??
...

## • 动物小档案

名称：犰狳蜥

家族：脊索动物门—爬行纲—蜥蜴目—环尾蜥科

生活环境：南非砂岩地区

食物：各种昆虫

天敌：狐獴、艾鼬等

## • 深入了解

### 坚硬的鳞甲

犰狳蜥的鳞甲是它们十分引人注目的特征。它们的身体以黄色和浅棕色为主，上面布满了巨大的鳞片，粗大的尾巴上也长满了坚硬的鳞片。这些鳞甲层层叠加，形成了一个坚不可摧的屏障，不仅为犰狳蜥提供了强大的保护力，还能帮助它们在沙漠的极端环境中保持水分。

### 优秀的保护色

犰狳蜥能够利用鳞甲和身体的颜色与沙漠环境融为一体。这种保护色使它们在沙地上几乎无法被察觉，不仅有助于躲避捕食者，也是捕食时的重要策略。它们能够静静地等待猎物接近，然后突然出击，以迅雷不及掩耳之势捕捉猎物。

**地下避难所**

犰狳蜥通常栖息在平坦的砂岩地或多岩沙漠区域的岩堆间。它们习惯利用岩石缝隙和洞穴等地下空间作为避难所。这些地下空间不仅提供了阴凉的环境，还有助于它们在炎热的白天保持凉爽，并减少体内水分的损失。

**群居生活**

犰狳蜥通常是群居生活的动物。它们以家庭为单位聚集在多岩沙漠区域的岩堆间栖息。在资源相对稀缺的多岩沙漠区域中，群居的犰狳蜥可以共享食物资源和避难所。当面临威胁时，它们可以互相警告，协同作战，来保护群体中的每一个成员。